TRAVELKID Reisebericht

Malaysia

Affentheater

Mit meiner Tochter auf Abenteuerreise durch Malaysia

Patrice Kragten

Impressum

1. Auflage 2015 | 2. Auflage 2016
Neuauflage Januar 2017
© 2017 Travelkid - Patrice Kragten – Zell am See - Österreich

Text, Fotos, Umschlaggestaltung und Layout:
Patrice Kragten

Herstellung und Verlag:
BoD - Books on Demand, Norderstedt, Deutschland

ISBN 978-3-7431-6534-2
ISBN 978-3-7347-6037-2 – nicht mehr erhältlich

www.travelkid.at | info@travelkid.at

Jede Weiterverwendung und Vervielfältigung ist ohne die vorherige Genehmigung durch die Autorin und TRAVELKID.at nicht gestattet.

Das Papier wurde aus chlorfrei gebleichtem Zellstoff hergestellt. Die abgebildeten Fotos sind aus Umweltgründen in einer geringeren Auflösung gedruckt worden.

Inhaltsverzeichnis

Vorwort	7
Karte Malaysia	8
Dschungelgeruch	9
Canopy Tour	18
Teeplantagen	25
Farbbilder I	35
Verabschiedung	39
Katzenstadt	43
Nasenaffen	47
Kopfjäger	54
Krankenstation	66
Abgeschossen	77
Sutera Harbour Magellan Resort	79
Die Überraschung	83
Farbbilder II	86
Kunstwerk	91
Dampfzug	94
Giftige Entdeckung	99
Vogelnest	106
Elefantengeschrei	111
Nachwuchs	115
Hari Raya Aidil Fitri	117
Turtle Time	121
Twin Towers	130

Unser Reiseschema	135
TRAVELKID *„abenteuerlich einfach"*	136
TRAVELKID Reisetipps	139
Wichtige Adressen	147
Meine anderen Bücher	149
Dankwort	159

Vorwort

Affentheater
Mit meiner Tochter auf Abenteuerreise durch Malaysia

Lange habe ich überlegt, ob Borneo eine Destination für Familien mit Kindern ist. Vor allem die Geschichten über Kidnapping und Malaria haben mich lange zweifeln lassen. Klarheit bekommst du nur, wenn du die Situation vor Ort mit den eigenen Augen anschaust. Von Malaysia habe ich es schon gewusst, dass das Land sehr kinderfreundlich ist. Von Borneo bin ich mehr als nur positiv begeistert.

Die Vielfalt der asiatischen Kulturen, die Fülle der Naturschönheit, farbenfrohe Unterwasserparadiese, das herrliche Tropenklima und nicht zuletzt die multikulturelle Harmonie und die unglaubliche Warmherzigkeit der Menschen. Malaysia ist definitiv eine Destination für Familien mit Kindern, dank der wahren Vielfalt an Freizeitaktivitäten. Die Möglichkeiten sind grenzenlos.

Bitte nimm mich nicht nur beim Wort, sondern fahre einfach hin und erkunde die zahlreichen Wunder Malaysias, und vor allem Borneo selbst. Lasse dich auch von Malaysia verzaubern, so wie wir. Selamat Datang!

Patrice Kragten

Karte Malaysia & Borneo

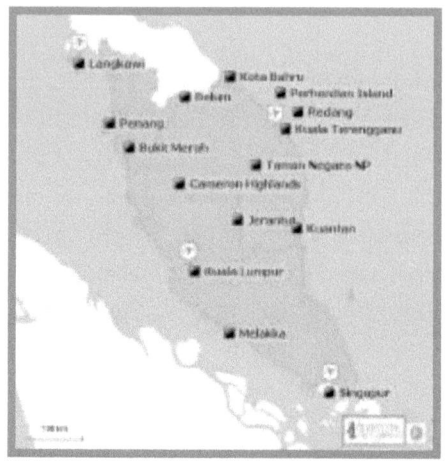

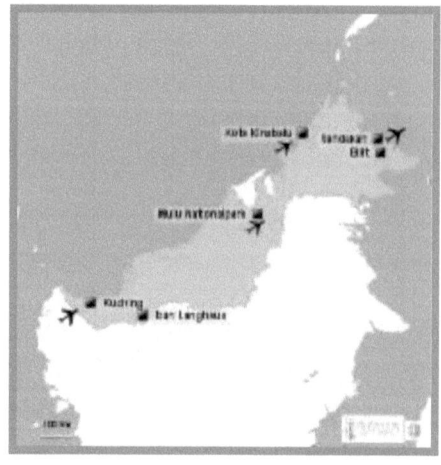

Dschungelgeruch

Langsam wird es dunkel am Himmel. Viel schneller als ich möchte, höre ich den Donner näher kommen. Wir haben gerade den Schlüssel von unserem Bungalow bekommen und beeilen uns dort trocken hinzukommen. Das Mutiara Taman Negara Resort, mitten im malaysischen Dschungel, ist für die nächsten zwei Tage unser Zuhause und wir freuen uns schon richtig auf viele Dschungeltiere und hohe Regenwaldbäume. Romy steckt den Schlüssel in die Türe und im gleichen Moment fängt es zu regnen an. Und wie! Große Regentropfen fallen vom Himmel und machen ein ohrenbetäubendes Geräusch. Sie knallen mit großer Wucht auf das Wellblechdach, begleitet von Windböen, Donner und Blitzen. Ich schmeiße das Gepäck in eine Ecke und werfe inzwischen den Wasserkocher an. Irgendwo im Gepäck habe ich löslichen Kaffee und Trinkbouillon, obwohl ein heißer Kakao und Glühwein jetzt besser passen würden. Ach Patrice, rede keinen Blödsinn. Es ist doch gar nicht kalt! Stimmt. Und ich weiß, dass ich so richtig im REGENwald angekommen bin.

Vor unserem Bungalow setzen wir uns draußen auf die überdachten Stiegen und genießen das Ambiente des tropischen Geschenks. Gestern bin ich mit Romy, meiner 11-jährigen Tochter, nach Malaysia geflogen. Dieses Mal nicht schnell und direkt, sondern arabisch. Ich empfehle Familien mit Kleinkindern, die nach Asien fliegen, entweder in Europa umzusteigen, oder dies erst in Asien zu machen. So haben die Kinder die Möglichkeit den gesamten Flug zu schlafen und sie haben weniger Probleme mit der Zeitumstellung. Manchmal ist es schwieriger diese Empfehlung für die Geldbörse der Eltern gelten zu lassen, wenn die arabischen Airlines wie Emirates, Etihad oder Qatar mit doch relativ günstigen Ticketpreisen sich am Markt präsentieren. Und es sind auch nicht die schlechtesten Airlines, überhaupt nicht! Romy ist schon etwas älter und bereits sehr reise-erfahren, genau richtig um es mal selbst auszuprobieren. Denn wie ist es wirklich mit Kindern mitten in der Nacht umzusteigen? Das ist nämlich der einzige Nachteil dieser Airlines. Vielleicht ist es aber gar kein Nachteil... Ab München sind wir mit Qatar zuerst nach Doha geflogen, anschließend nach Kuala Lumpur. An der Qualität der Airline liegt die Empfehlung überhaupt nicht. Die Flugbegleiter sind voll nett, das Flugzeug blitzblank sauber gemacht und noch relativ neu: eine Boeing 787 Dreamliner und natürlich ist jeder Sitzplatz mit eigenen Bildschirmen ausgestattet. Auch die Kindermahlzeit und meine Paleo-Mahlzeit sind prima in Ordnung. Da können die europäischen Airlines teilweise gar nicht mithalten. Bei den Emirates gibt es sogar eine Flugbegleiterin, die sich während des Fluges an Bord nur um die Kinder kümmert.

Auch der Flughafen Doha ist sensationell. In einem großen Zentralbereich sind allerhand Shops und Restaurants vorzufinden, in den Terminals gibt es einige Bereiche speziell für Familien, in denen sich die Kinder vor dem Flug nochmals richtig austoben können. Und anno 2014 steht selbstverständlich W-Lan zur Verfügung. Und zwar gratis!

Für mich persönlich war der Flug von Doha nach Kuala Lumpur dann doch etwas zu kurz. Mit nicht mal vier Stunden Schlaf steige ich ziemlich müde in Malaysia aus. Das wird ein harter Tag werden. Romy zeigt mehr Flexibilität und ist fröhlich und munter. Schlussfolgerung: Wenn ein direkter Flug zu den Möglichkeiten gehört, dann lieber direkt. Das nächtliche Umsteigen ist nicht so schlimm wie ich gedacht habe, im Gegenteil.

Direkt nach dem Ausgang warten links alle Abholer in einem abgesperrten Bereich. Kaum zu übersehen. Auch das TRAVELKID-Logo erkenne ich aus der Ferne. Die Personen, die hier ihre Gäste empfangen, sind nur „Zwischenpersonen". Sie rufen kurz den zuständigen Chauffeur an, der etwas außerhalb vom Flughafen wartet. Zehn Minuten später sitzen wir im blitzblanken neuen Auto, auf dem Weg zu meiner Agentur. TRAVELKID arbeitet in allen Ländern mit speziellen Incoming-Reiseagenturen, die ihr Land kennen wie ihre Westentasche. Es wäre viel zu kompliziert auf dem neuesten Stand zu bleiben, wenn ich alle Leistungen in den Ländern direkt buchen würde. Und so genieße ich, und natürlich meine Gäste, von den erstklassigen Kenntnissen und dem Know-How, günstigeren Einkaufspreisen und dem perfekten Service einer renommierten Agentur. Und meine Gäste haben einen Ansprechpartner vor Ort. Jemand, der das TRAVELKID-Programm und die Reise der Gäste ausgearbeitet und gebucht hat. Somit weiß die Agentur über jede einzelne Reise Bescheid. Nicht gerade unwichtig!

Ronnie begrüßt uns recht herzlich. Es ist so witzig, endlich jemanden live zu sehen, mit dem du bereits mehrere Jahre via E-Mail Kontakt hast. Ronnie ist der Mann der Zahlen. Er kalkuliert im Vorfeld alle Basis-Reisen. Auch Niza, Abteilungsleiterin der Reservierungen, kommt dazu. Gowri, General Manager der Agentur, kenne ich bereits vom jährlichen Treffen auf der Fachmesse ITB in Berlin. Auf den Star der Truppe freue ich mich am meisten: Siti. Sie bucht alle Reisen für mich. Mit ihr habe ich fast täglich Kontakt. Sie ist hilfsbereit, sehr korrekt, witzig und vor allem sehr schnell. Jetzt darf ich sie endlich kennenlernen! Und wie es eigentlich immer so ist, komplett anders als ich sie mir vorgestellt habe. Sie ist ein junges Mädchen, muslimisch, klein, professionell, etwas schüchtern und mit einem herzlichen Lächeln. Wir setzen uns alle an einen großen Tisch und besprechen meine Reiseroute. Ich habe kurzfristig einige Änderungen durchgeführt und die Punkte noch nicht bestätigt bekommen. Alles in bester Ordnung! Wie immer. Der Sales Manager Noor meldet sich etwas später dazu. Auch Noor kenne ich von der ITB Messe, ein lieber Kerl und gemeinsam besprechen wir die neuen Pläne, Möglichkeiten, Änderungen und Ideen für 2015 durch.

Zwei Stunden später stehen wir beim Furama Hotel vor der Türe. Sicherlich nicht das beste Hotel in Kuala Lumpur, für Familien doch genau richtig. Es ist im Verhältnis zu anderen Hotels preiswert, die Zimmer lassen sich auf vier bis fünf Personen ausdehnen, sind riesig groß und bieten genügend Spielraum für Kinder. Im Restaurant stehen Kinderstühle bereit. Draußen befindet sich das Schwimmbad. Gleich gegenüber vom Hotel gibt es eine Bank und noch eine Straße weiter die Shopping Mall Bukit Bintang. Hier sind eine Apotheke sowie zahlreiche Restaurants untergebracht und im Supermarkt bekommst du wirklich alles was du so für die Kinder brauchst: von Obst, Gemüse, Brot, Käse, Joghurt, Windeln, Babynahrung bis hin zu den europäischen Leibniz Zoo Keksen.

Am Nachmittag treffe ich Familie Dunkel und Familie L. Beide Familien haben ihre Reise bei TRAVELKID gebucht. Ich habe diesen Familien schon im Vorfeld erzählt, dass wir zur gleichen Zeit in Malaysia sind und einen Termin in der Lobby vereinbart. Gleichzeitig sind noch mehr Familien in Malaysia unterwegs, die treffe ich genau nicht oder erst später während meiner Reise. Familie Dunkel ist mit Baby und Sohn unterwegs, Familie L. hat zwei größere Kinder dabei. Auf Grund der unterschiedlichen Familienzusammenstellung haben beide Familien ein komplett anderes Reiseprogramm. Nur heute haben sie das gleiche Programm. Um 15.30 Uhr werden sie von einem privaten Führer abgeholt und genießen eine geführte Tour in den Selangor Nationalpark. Hier steht eine Bootsfahrt am Programm und sie werden hoffentlich Glühwürmchen zu sehen bekommen. Die Chancen stehen sehr gut, weil es heute noch nicht geregnet hat. Bei Regen können die Tierchen nicht fliegen und wirst du sie im Regenwald eher nicht sehen. Von den beiden Familien bekomme ich wieder mal bestätigt, dass das TRAVELKID Konzept einzigartig ist und sie wegen der Individualität der Reisen bevorzugt bei mir buchen. Das Vertrauen ist ihnen sehr wichtig, deswegen lege ich so viel Wert auf das Feedback, welches auf meiner Website veröffentlich wird. Ich freue mich immer wieder über so viel positives Feedback.

Am nächsten Tag übernehme ich unseren Mietwagen. Die Versicherungen sind bereits im Mietpreis inkludiert, sowie ein Navigationsgerät. Ich bin eher jemand von der alten Generation und bin lieber mit einer Karte ausgestattet. Das gehört auch mehr zum Reisen dazu, den Weg verlieren. Obwohl die Autobahn quasi vor der Türe des Hotels beginnt, bin ich nach zehn Minuten doch froh über diese Technologie. Ich hätte den richtigen Weg sonst niemals so schnell gefunden. Langsam verlassen wir Kuala Lumpur, auch KL genannt. Die Natur wird grüner, die Anzahl der Häuser und Flats weniger und auch der Verkehr hält sich in Grenzen. Die Autobahn kommt mir ziemlich neu vor, 2-spurig und mautpflichtig, gemütlich fahren wir dahin. Der einzige Unterschied zu einer europäischen Autobahn sind die Mopedfahrer, die sich hier auf dem Pannenstreifen fortbewegen.

Knappe drei Stunden später und viel zu früh biege ich auf den neu asphaltierten Parkplatz Kuala Tembeling ein. Der Regenwald Taman Negara ist das heutige Ziel und es gibt zwei Möglichkeiten dorthin zu kommen. Für Möglichkeit zwei wollte ich zuerst noch früher losfahren und die Elefantenschutzstation Kuala Gandah, auf dem Weg nach Taman Negara, besuchen. Allerdings gewöhnen sich die Elefanten, die dort gepflegt werden, zu viel an den Menschen und es gibt dadurch größere Schwierigkeiten die Elefanten in die Freiheit zurückkehren zu lassen. Deswegen hat das Zentrum Anfang 2013 ihre Leistungen, wie das Reiten und Waschen der Tiere im Fluss, für Touristen eingestellt. Du kannst hier jetzt nur noch einen Film anschauen und die Tiere mit Bananen verwöhnen. Nicht mehr besonders interessant und deshalb hat TRAVELKID es aus dem Programm genommen. Inzwischen schaut der kommerzielle Aspekt doch ums Eck und das Waschen der Elefanten ist wieder möglich. Nur öffnet das Zentrum erst um 12.00 Uhr und ist somit mit der ersten Möglichkeit um nach Taman Negara zu kommen, nämlich mit dem Boot, nicht zu vereinbaren. Die zweite Möglichkeit ist weiter nördlich nach Kuala Tahan zu fahren. Du gelangst am Ende dieser Straße zu einem Parkplatz, das Mutiara Taman Negara Resort liegt an der anderen Uferseite. Ein Bootsmann wird euch für nicht mal 1 Euro zur anderen Uferseite führen.

Ich möchte mich langsam von der Hektik der Stadt verabschieden und ganz sanft tiefer und tiefer im Regenwald verschwinden. Nur so kann ich mich besser auf den Dschungel einstellen. Es ist ein bisschen wie einen Berg besteigen. Das machst du auch lieber zu Fuß als mit der Seilbahn zum Gipfel zu kommen, oder? Deswegen wollte ich unbedingt Möglichkeit eins erleben: mit dem Boot. Wir melden uns auf dem Parkplatz zuerst beim Mutiara

Resort Office und erledigen den Papierkram. Beim nächsten Schalter sind die Parkgebühren und die Gebühren für das Fotografieren zu bezahlen. Bei Schalter Nummer drei begleiche ich meine Park-Schulden für das Auto und als letztes zahle ich den Koffer-Träger, damit er mein Gepäck die Stufen zum Boot hinunter bringt. Welcome in the real world! Das Boot geht um 13.30 Uhr, am Freitag erst um 14.30 Uhr und wie gesagt, sind wir viel zu früh. Wir setzen uns unten am Anlegeplatz auf die Bank. Es gibt die Möglichkeit oben im Restaurant zu essen, aber ich bevorzuge ein kleineres Picknick mit dem Dschungel Ambiente, Flussverkehr und Tiergeschrei im Hintergrund. Kleinere Longtailboote für maximal 14 Personen liegen bereit. Es ist sicherlich empfehlenswert für diese zwei Tage ein kleineres Gepäckstück mitzunehmen, wir nehmen aber alles mit. Es hat auch leicht Platz auf dem Boot. Wenn du das Gepäck im Auto lässt, solltest du gut überlegen, was genau im Auto bleibt. Durch die Hitze kann es sicherlich 50 °C im Kofferraum werden!

Das Boot ist bereit zur Abfahrt. Die Motoren laufen auf Hochtouren und Vollgas fährt der Bootsmann mit uns flussaufwärts. Die etwa 3-stündige Fahrt tiefer in den Regenwald hinein verbringen wir auf einer dünnen Matte am Boden des Schiffes sitzend. Vereinzelt fliegen Vögel auf, sonst ist am Ufer nicht viel zu sehen. Plötzlich taucht wie aus dem Nichts das Mutiara Resort, ein kleines Feriendorf mitten im Dschungel, vor uns auf. Das Personal ist sehr freundlich und hilfsbereit, die Bungalows sehr niedlich in den Regenwald integriert, das Gepäck wird zum Zimmer gebracht und, wie bereits erzählt, haben Romy und ich uns, auf Grund es kommenden Regens, zum Bungalow beeilt.

Jetzt sitzen wir immer noch gemütlich mit Kaffee und Trinkbouillon auf der Stiege und genießen den Blick auf den Regenwald. Langsam lässt der Regen nach und atme ich den typischen Geruch, welcher im Regenwald nach einem Regenguss entsteht, ein. Ich kann es gar nicht in Worte fassen, wie der Geruch ist, aber ich liebe es. In jedem Fall inspiriert der Geruch und so habe ich auf den Stiegen bereits das erste Kapitel geschrieben.

Canopy Tour

In den Hotelunterlagen werden wir vor den Affen gewarnt und gleichzeitig auf den Tapir, welcher hier fast täglich den Rasen abmäht, hingewiesen. Romy möchte gleich mal das Resort abwandern und den Tapir aufsuchen. Sie ist auch der Meinung, dass sie ein Schwimmbad gesehen hat, so starten wir mit einer Besichtigung des Resorts. Mehr als ein Restaurant, Mini-Market und Nationalparkzentrum sehen wir nicht. Das Schwimmbad haben wir nicht gefunden. Was ich schon sehe, als wir wieder zu unserem Bungalow zurückwandern, sind Affen. Und genau rund um unseren Bungalow schreien sie herum. Im gleichen Augenblick sehe ich auch warum... Wir haben in unserem Gepäck Schokolade mitgehabt. Allerdings hat die Schokolade, auf Grund der Hitze, die Bootsfahrt nicht überlebt. Ich wollte die Packung mit der geschmolzenen Schokolade, mit Hinsicht auf Ameisen, nicht im Zimmer aufbewahren und habe die Packung vor der Türe hingelegt. Blöd. Weil ich, trotz Warnung, auf die Affen vergessen habe. Jetzt sitzen die Langschwanz-Makaken mit der Packung Schokolade oben auf unserem Dach und amüsieren sich mit den Köstlichkeiten und wir amüsieren uns über den Anblick.

Am Abend wird im Restaurant ein Buffet serviert und heute ist Grillabend. Da ist für uns einiges dabei, was wir gerne mögen. Gestärkt melden wir uns um 20.30 Uhr bei der Rezeption. Heute steht noch eine Nachtwanderung im Regenwald auf dem Programm. Ich buche für meine Gäste, und heute Abend auch für uns, immer einen privaten Führer. So können die Eltern selbst entscheiden, wie das Tempo, die Länge und die Dauer der Wanderung gestaltet werden soll. Li, unser Führer, meldet sich bei mir. Die Wanderung gestern hat auf Grund des starken Regens nicht stattgefunden. Ob seine Gäste von gestern abend mit uns mitkommen dürfen. Wenn meine Wanderung heute abgesagt werden muss, wäre ich auch froh, wenn ich am nächsten Tag doch die Wanderung machen kann, so stimme ich zu. Der Trail geht gleich vor der Haustüre los. Durch den Wald ist ein langer Steg gebaut, worauf wir wandern. Li verspricht uns – mit einem Lächeln - einen Tiger. Gottesanbeterin, Giant Ants, eine Spinne, eine Motte und eine Eidechse. Es ist nicht wirklich viel was wir zu Gesicht bekommen. Dies ist teilweise auf den Regen zurückzuführen und trotzdem eine schöne Wanderung. Am Ende der Tour dann keinen Tiger, sondern den hairy Irgendwas. Ich habe den Namen des Tieres wieder vergessen, es schaut wie eine Tarantel aus. Das Spektakulärste finden wir jedoch in unserem Zimmer. Ich habe bereits das Moskito-Netz aufgehängt und als wir ins Zimmer zurück kommen, bewegt es sich ganz komisch. Zuerst denke ich, da hat sich eine Schlange im Netz verhängt. Es war dann etwas weniger spektakulär. Gott sein Dank sag ich mal. Es war „nur" eine Maus.

Am nächsten Tag meldet Li sich bei unserem Bungalow. Voll parfümiert mit Insektenspray, langer Hose, Wasser und Fotokamera machen wir heute eine Dschungelwanderung und Canopy Tour. Über die gleichen Stege wie gestern Abend wandern wir gemütlich hinter Li her. Immer wieder hält er an um über Bäume, Pflanzen und Tiere zu erzählen. Über den tropischen Dipterocarp Baum zum Beispiel. Wir kennen den Baum noch aus Costa Rica (Siehe Dschungelfieber – ISBN 978-3-7431-3735-6). Dieser Baum wurde von den Einheimischen benützt wenn ein Notfall war. Weil auch die größten Bäume nicht sehr tief im Boden wurzeln, bilden die Stämme stabilisierende Stelz-, Stütz- und Brettwurzeln aus, welche du oberhalb der Erde siehst. Im Notfall kannst du mit einem harten Gegenstand in einem langsamen und gleichmäßigen Rhythmus auf die Wurzeln schlagen. Bonk … Bonk … Bonk … Das hohle Geräusch ist sehr weit zu hören und gibt der Hilfstruppe eine gute Orientierung, wo sich der Verletzte befindet. Heutzutage sind die Dörfer mit einem enormen Telefonmasten versehen und habe diese Bäume diese Funktion verloren. Was bleibt ist die beliebte Foto-Hintergrund-Funktion.

Li kommt aus Kuala Tahan, gelegen an der anderen Uferseite. Fünf kleine Dörfer haben sich zusammengeschlossen, zirka 2.000 Einwohner haben hier ihren Sitz. Li ist verheiratet und inzwischen versehen mit sechs Kindern. Drei Jungs und drei Mädels. Das Ende noch nicht in Sicht. Zwischen 10 und 14 Kinder ist hier abseits der Großstadt noch ziemlich normal. Den Beruf Ranger und seine Kenntnisse der Natur hat er von seinem Vater gelernt, ein Mann der noch täglich barfuß und ohne T-Shirt im Dschungel herum wandert, ohne Angst vor Moskitostichen, sprich Dengue und Malaria.

Nach ungefähr zwei Kilometern taucht auf einmal der Canopy Walk auf. Mit 570 m Länge gehört dieser Walk zu den längsten der Welt. Li geht nicht mit uns mit. Er hat den Walk schon so oft gemacht, er wandert durch den Wald den Berg hinauf und wartet am Ende auf uns. Mittels einer Leiter gelangen wir zum ersten Walk. Stahlseile ragen von einem zum nächsten Baum. Ein Netz hängt in einer U-Form dazwischen und quasi am Boden vom Netz sind Bretter montiert. Es ist eine ziemlich stabile Konstruktion, hinunter fallen oder durchschlüpfen geht nicht. Trotzdem wackelst und schwingst du ein wenig, nichts für schwache Mägen. Wie ein Model auf dem Laufsteg gehe ich auf die Bretter. Wenn du genau in der Mitte vom Brett gehst, wackelt die Brücke am wenigsten, also Fuß vor Fuß arbeite ich mich voran. Für jemanden mit Höhenangst wird die Seilbrücke eine echte Herausforderung, mit Kindern genauso. Du kannst die ersten zwei, drei Brücken ausprobieren. Gefällt es den Kindern, dann folgen noch zehn andere. Ein Ausstieg ist dann nicht mehr möglich. Sonst einfach die zwei drei Brücken zurück wandern und es in ein paar Jahr wieder probieren.

Nach jeder Seilbrücke triffst du auf den Plattformen Rangers, die das Ganze überwachen. Manche Seilbrücken sind etwas wackeliger, vor allem wenn mehr Menschen auf den Brettern unterwegs sind. Am lustigsten ist sicherlich die Treppe, ziemlich am Ende des Trails. Eine Leiter ist am Boden des Netzes festgeschraubt und dabei geht es hinauf. Echt viel Zeit zum Herumschauen ist nicht. Der nächste wartet schon und schneller als erwartet, sehen wir Li wieder. Mit festem Boden unter den Füßen, habe ich trotzdem in den Beinen das Gefühl, als ob ich in einem Boot sitze.

„Es gibt jetzt zwei Varianten zurück zum Hotel", sagt Li. „Schneller und einfacher oder länger und schwieriger." Inzwischen ist es im Wald ordentlich heiß geworden. Der Schweiß rinnt aus allen Poren den Körper hinunter, da gefällt mir Variante eins besser. Letztes Jahr in Namibia war mir teilweise so kalt, dass ich mir geschworen habe, dieses Jahr irgendwo hin zu fahren, wo es knallheiß ist. Und jetzt, wo es so brennheiß ist, habe ich auch wieder etwas zu meckern. Trotzdem ist mir die Hitze lieber als die Kälte! Insgesamt 2,5 Stunden später werden wir von Li bei unserem Bungalow abgeliefert. Manche Bungalows haben eine Terrasse vorne. Unser Bungalow hat die Terrasse hinten und der Platz auf den Stiegen vor dem Bungalow ist eindeutig unser Favorit. Wieder sitzen wir dort, mit Kaffee und Trinkbouillon, schauen uns die Bilder von der Wanderung auf der Fotokamera an und lassen so die schönen Eindrücke und Erlebnisse nochmals Revue passieren. In Begleitung eines Erdhörnchens und kleiner Warane schreibe ich diese Eindrücke auch gleich im Tagebuch auf, sonst vergess ich sie.

Am Nachmittag warten wir fast eine halbe Stunde am Bootssteg bis Li endlich auftaucht. Fad war mir dabei allerdings nicht. Außerdem gehören solche Verspätungen beim Reisen dazu. Es wundert mich immer wieder, dass manche Gäste sich darüber teilweise extrem beschweren. Da sind so viele Aktivitäten auf dem

Wasser, setz dich hin und schaue einfach herum! Es gibt so viel zu sehen. Vögel versuchen etwas Essbares zu finden, Touristen werden für ihre Bootsfahrt abgeholt, Einheimische lassen sich für einen Ringgit günstig an der anderen Uferseite absetzen, Touristen für das 10-Fache, manche Boote treiben einfach beim Steg herum, ohne irgendeine Funktion und die treibenden Restaurants, an der anderen Uferseite, bedienen ihre Gäste. Ich könnte hier stundenlang herum sitzen und nur schauen wie sich die Menschen den Tag vergehen lassen.

Li kommt mit der Überfahrt und gemeinsam steigen wir gleich in unser privates Boot um. Eigentlich steht eine Wanderung zum Wasserfall auf dem Programm. „There are many bees in the forest", sagt Li. „Gestern noch, da war mein ganzer Kopf voller Bienen", erzählt er weiter. Auf eine Bienenplage habe ich keine Lust und natürlich hat Li eine Alternative und bereits etwas vorbereitet. So biegen wie in den Lata Berkoh Seitenkanal ein. Das Boot gleitet durchs Wasser. Manchmal ist die Strömung sehr stark, teilweise das Wasser sehr untief. Rechts und links faszinieren die Dschungelbäume und tropischen Pflanzen, die Äste, die sich ungeordnet in- und durcheinander schlängeln. Der Wasserstand ist in dieser Jahreszeit nicht wirklich hoch. Teilweise muss der Kapitän einen Anlauf nehmen, den Motor hochheben und das Boot über die Steine gleiten lassen. Vorne sitzt der Rudermann, der das Boot in die richtige Richtung lenkt. Der Kapitän hinten versucht seinen Anweisungen zu folgen. Muss dabei immer wieder den Motor aus dem Wasser heben, sonst läuft der am Boden auf. Und mit den vielen Steinen wird der Motor sicherlich nicht lange Dienst machen. Wenn das Boot wieder tief genug im Wasser liegt, kann der Kapitän den Motor wieder benützen. Behändig sind die beiden Jungs dabei in jedem Fall. Na ja, die werden hier mit dem Boot aufwachsen, so wie wir mit Ski und Rad, denke ich mir.

Durch das hohe Tempo entsteht eine herrliche Brise und auch Romy kann die Fahrt wirklich genießen. Sie sitzt vor mir und beobachtet den Wald, auf der Suche nach Wildtieren. Die Umgebung schaut Costa Rica sehr ähnlich und ich werde den Vergleich noch öfters machen. Nur mit dem Unterschied, dass ich in Costa Rica mehr Wildtiere gesehen habe. Ganz vereinzelt fliegt hier ein Vogel über das Wasser. Wir sind inzwischen am Ziel angekommen. Li hat Fischfutter mitgenommen und gemeinsam mit Romy möchte er den Catfish füttern. Es gibt überhaupt keine Zeichen, dass hier etwas Lebendiges im Wasser lebt, bis Romy die erste Hand Futter ins Wasser geworfen hat. In großer Zahl und mit sehr viel Wirbel balgen sich Fische, mit einem Kaliber von 40 Zentimeter aufwärts, an der Wasseroberfläche um Fischfutter zu ergattern. Ich schaue von einem Abstand zu, fotografiere die Szene und werde dabei von den lästigen Bienen fast aufgefressen. Li hat recht gehabt. Saulästig!

Teeplantagen

Der Wecker klingelt. Es ist 03.45 Uhr. Eigentlich keine Zeit um im Urlaub den Wecker klingeln zu lassen, nur wegen der Zeitverschiebung mit Brasilien unbedingt notwendig. Brasilien? Ja! Heute steht das Viertelfinale der Fußball-Weltmeisterschaften an und mit zirka 50 anderen Holländern schauen wir uns das Match gegen Argentinien an. Es bleibt doch komisch, das Spiel am anderen Ende der Welt, mit Grillengeräusch und Affengeschrei im Hintergrund, und 50 vollkommen fremden Menschen, anzuschauen. Und alle 50 mit dem gleichen Wunsch. Weiterkommen! Da wo in Holland, und mit Sicherheit auch in Argentinien und Brasilien, das Bier reichlich fließen würde, können wir hier nicht mal ein Wasser bestellen. Nicht, dass ich um 4 Uhr morgens Bier trinken möchte, es wäre doch ein netter Nebenverdienst für das Hotel, 50 Menschen mal für einen oder zwei Kaffee und ein Wasser zu bedienen oder? Es gibt im Restaurant nur einen Punkt, wo die W-Lan Verbindung funktioniert. Auf zwei Quadratmetern häufen sich 10 bis 15 Personen, genau „auf dem Punkt" und chatten mit den Daheimgebliebenen über Strategien, Spielverlauf, Wechselspieler und das Endergebnis: beim Penalty schießen rausgemurmelt. Das haben „wir" uns wirklich nicht verdient…

Nach dem Frühstück packen wir alles wieder ein und fahren mit dem Boot zurück nach Kuala Tembeling für die Fahrt in die Cameron Highlands. Dieses Gebiet ist vor allem für seine Teeplantagen und Erdbeerfarmen bekannt. Von Kuala Tembeling gibt es eine relativ neue Straße, welche via Kuala Tapis in die Cameron Highlands führt. Vor zwei Jahren hast du noch via Jerantut und Kuala Lumpur fahren müssen, eine mühsame Straße mit fünf Stunden Zeitverlauf. Via Tapis sollte ich in drei Stunden in den Cameron Highlands sein und mit dem Navi ist die Strecke auch ganz einfach zu finden. Unterwegs wieder das übliche Bild von kleinen Häuschen mit winkenden Kindern im Garten, streunende Hunde auf der Straße, kleinere heimische Märkte entlang der Straße und herumliegender Müll. Wir in Österreich bemühen uns so, den Müll in allerart verschiedenen Containern zu trennen. Hier ist der nächste Container immer da, wo du dich gerade befindest und deinen Müll loswerden willst. Also am Boden! Unglaublich. Auch im Fluss und im Regenwald gibt es viel Müll, vor allem Plastik Flaschen und Limonaden Dosen. Da sind nicht nur die Einheimischen schuld!

Kurz vor Brinchang liegt der Ort Ringelt. Ein Wahnsinn muss es sein, hier zu wohnen. Der Ort lebt von Anbau von Schnittblumen, Erdbeeren und anderem Gemüse. Positiv natürlich für die Menschen hier. Es gibt Arbeit! Überall sehe ich diese Plastik- und Wellblechdächer über die Gewächse gespannt. Der gesamte Berg schaut wie eine glitzernde Plastikplane aus. Bis zum Gipfel ragen die Folien. „Wie würde in Zell am See die Schmittenhöhe ausschauen?", frage ich Romy. Unfassbar. Über eine Länge von vier bis fünf Kilometern nichts als Plane. Mit dem vorbeirasenden Verkehr möchte ich über die Feinstaubpartikel und Bleimenge, die sicherlich in den Erdbeeren vorhanden sind, gar nicht nachdenken!

Bevor wir zum Hotel fahren, möchten wir die Schmetterling-Farm besuchen. Von einer holländischen Familie, die wir in Taman Negara getroffen haben, haben wir gehört, dass die Farm so schön sein soll und dass du Geckos, Gottesanbeterinnen und anderes Zeug anfassen kannst oder irgendwo am Körper hingeben lassen kannst. Eigentlich bin ich nicht wirklich ein Fan davon, wenn Tiere für touristische Zwecke in Käfigen gehalten werden. Und schon überhaupt nicht, wenn die Tiere auch noch eine Show aufführen müssen und dabei auf meiner Nase kleben müssen. Schauen wir erst mal hin. Ich zahle 1 Euro Eintritt, für Romy noch weniger, bin dann aber nicht wirklich begeistert. Entweder bin ich schon verwöhnt, mit allem was ich während meinen Reisen schon gesehen habe, oder ich bin im falschen Garten. Knappe 20 Minuten später stehen wir nämlich wieder auf der Straße. Ohne Schmetterling auf dem Kopf und ohne Gecko auf der Nase. Sicherlich hat es einige Insekten, Käfer und Spinnen gegeben. Und einen Hasen und einen Hahn. Das habe ich nicht wirklich verstanden. Insgesamt nicht so spektakulär wie ich es mir vorgestellt habe. Oder wie die Frau erzählt hat. Später stellte sich heraus, dass wir doch wirklich im falschen Garten gelandet sind.

Das Strawberry Park Resort ist etwas ganz Besonderes. Es ist ein altes englisches Hotel, modern und trotzdem im

Kolonialstil eingerichtet, hoch oben am Berg gelegen. In unserem Zimmer können wir einen Walzer tanzen, so groß ist es. Für Familien mit Kindern ein herrlicher Ort zu verweilen. Das Wasser im Indoor-Schwimmbad ist leider sehr kalt, es ist hier im Gebirge sowieso etwas kälter als in Kuala Lumpur und ein Schwimmbad heizen, kostet einfach viel zu viel Geld. Viele Einheimische flüchten im Sommer deswegen am Wochenende auch in die Berge. Weg von der Hitze. Sonst bietet das Hotel verschiedene Restaurants, ein Spa, einen Spielplatz für die Kinder, welchen du übrigens nicht mit Pferden betreten darfst..., sagt zumindest ein Schild, und einen Canopy Walk. Einfach ein lässiges Hotel.

Am Abend treffen wir die Familie Dunkel wieder. Sie sind gestern mit Baby und Kind aus Kuala Lumpur angekommen. „Der Kindersitz im Auto ist kaputt", sagt Frau Dunkel. Sie erklärt, dass eine Schnalle fehlt und sie jetzt das Baby nicht anschnallen kann. In unseren Augen natürlich eine unmögliche Sache. Der Bursche, der die Kindersitze beim Mietwagenanbieter betreut, wird die Sache nicht so eng sehen. Er wird selber niemals in einem Sitz gesessen, oder angeschnallt gewesen sein. Und seine Kinder wird er damit sicherlich auch nicht transportieren. Natürlich habe ich Verständnis für die Verhaltensweise des Burschen, trotzdem möchte ich, als Reiseveranstalter, dass diese Sachen in Ordnung sind und werde gleich bei Siti nachfragen. Ich kenne diese Situation auch aus Namibia. Manchmal reichen Gäste eine Beschwerde ein, weil ein Loch in der Bettwäsche der Campingausrüstung war. Der Bursche, der für die Bettwäsche zuständig ist, wohnt in den Gettos und hat selbst nicht mal Bettwäsche. Wer sind wir denn, dass wir ein klitzekleines Loch als Beschwerde einreichen....

Auch die Familie Plöchl aus Österreich ist angekommen, noch eine TRAVELKID-Familie. Im Vergleich zur Familie Dunkel ist diese Familie mit einem privaten Chauffeur unterwegs. Gemeinsam mit ihrer Tochter haben sie heute die Tour mit einem 4x4 Fahrzeug zum Mount Brinchang gemacht. Eine Tour die hoch auf den Berg Brinchang hinauf führt. Danach besuchst du noch ein Erdbeerfarm, einen Markt und einen buddhistischen Tempel. So steht es zumindest auf dem Papier. Hier haben jedoch die asiatischen Führer, zehn Stationen zwischen Buchung und Durchführung weiter, einen ordentlichen Einfluss. Zuerst ist der gebuchte Führer nämlich nicht gekommen. Was mit dem Führer passiert ist, weiß wieder kein Mensch. Etwas später erscheint dann der örtliche Schulbusfahrer. Der Busfahrer ist sehr nett, bemüht sich sehr noch etwas aus dem Ausflug zu machen. Und, als ob es so sein muss, bekommt der liebe Kerl mit seinem Fahrzeug auch noch einen Platten. Das Reparieren dauert über eine Stunde und jetzt gerät er in Zeitdruck. Denn in einer Stunde muss er wieder an seinem „echten" Job beginnen, die Kinder müssen wieder von der Schule geholt werden. Deswegen „rettet" er das Programm noch ein wenig und organisiert an Ort und Stelle eine kurze Dschungelwanderung. Natürlich alles Sachen, die ich als Reiseveranstalter nicht mehr im Griff habe. Trotzdem verstehe ich es, dass man sich darüber ärgert. Ich sehe es inzwischen, vielleicht durch meine enorme Erfahrung, etwas anders. Weil jetzt hat die Familie Plöchl eine Geschichte. Eine Geschichte, die du weiter erzählen kannst. Eine Geschichte, worüber du auch in fünf oder zehn Jahren noch lachen kannst. Ein Abenteuer, was mit den Kindern lustig ist zu teilen und nicht weh tut! Solche Geschichten sind mir immer mehr wert, als wenn ein Tag „normal" abläuft. Ich liebe diese Änderungen im Programm. Gott sei Dank denkt die Familie Plöchl, auch versehen mit ergiebiger Reiseerfahrung, genauso darüber. Sie haben Spaß gehabt. Es gibt leider auch andere „Fälle"….

Das Wetter ist am nächsten Tag nicht so schön. So hoch in den Bergen – wir sind auf zirka 1800 M – bleibt der Nebel einfach hängen. Dadurch ist es sehr frisch draußen. Zeit für etwas Außergewöhnliches, Zeit für eine Fußmassage. Diejenigen, die mich ein wenig kennen, wissen, dass ich diese „Pflückerei" am Körper überhaupt nicht mag. Ein Mal im Jahr, meistens während einer Reise, muss ich es dann doch aushalten. Angelika ist unsere „Plückerin", zuerst ist Romy dran. Behutsam wäscht „Angel" Romys Beine bis sie sauber und vom Dschungel-staub befreit sind. Dann massiert sie ganz sanft und mit viel Elan die Beine, Romy sitzt total entspannt im Liegestuhl und lässt alles über sich ergehen. Dann bin ich an der Reihe. Mit Behutsam ist nichts mehr. Oder bin ich so empfindlich? In jedem Fall tut die Fußreflexmassage mir teilweise recht ordentlich weh. Von Genießen keine Rede. Nach 30 Minuten die Erlösung und ich bin für ein Jahr wieder geheilt. Ich bin eben kein Massage-Fan.

Am Nachmittag hat das Hotel uns auf eine Countryside Tour eingeladen und wir können relaxt mit Ibrahim die Sehenswürdigkeiten aus Brinchang anschauen. Zuerst zum Boh Tea Center. Via eine schmale Landstrasse fahren wir bis zur Farm hinauf. Rechts und links der Straße sehe ich, soweit das Auge reicht, die Tee Sträucher aneinander gereiht stehen. Der gesamte Berg ist mit diesen Sträuchern bepflanzt. Genau beim Fotopoint kommt die Sonne ein bisschen heraus und es gibt den Bildern einfach etwas mehr Glanz. Jetzt, am späteren Nachmittag, ist die Arbeit auf dem Feld bereits erledigt. Die Blätter sind schon gepflückt, gesammelt und zur weiteren Verarbeitung in die kleine Fabrik gebracht worden. Es gibt hier ein kleines Museum, ein Souvenirgeschäft mit vielen verschiedenen Tee-packungen und ein Restaurant für einen High Tea. Direkt nach der Massage, noch vor der Tour, sind wir zum Stadtplatz gefahren, ich wollte etwas essen und natürlich beim Balai Kraftangan Handicraft Center vorbei schauen. Ich bin ja ein echter Souvenir-Jäger. Im Moment sind die Souvenirs, die wir bis jetzt gesehen haben typisch Kirmes-Kitsch in schrecklichen, fast leuchtenden Farben. Zwar billig, doch auch für 23 Cent möchte ich solche Schlüsselanhänger nicht haben. Es hat am Marktplatz auch einen Tee-Laden gegeben, in dem ich bereits fünf kleine Teepackungen mit verschiedenen Geschmäckern gekauft habe. Deswegen interessiert mich jetzt nur die Aussichtsterrasse des Boh Tea Restaurants.

Die nächste Station ist eine Bienenfarm. Für uns interessant, vor allem weil wir zu Hause in einem Gebiet leben, in dem Honig ein tagtäglicher Bestandteil der Gesellschaft ist. Sicher 100 kleinere Schuhschachteln, größer sind die Nistkästen nicht, stehen im Garten aneinander gereiht. Das gleiche bei der Erdbeerfarm, allerdings mit Erdbeerpflanzen. Die Obst- und Gemüsefarmen in Malaysia haben leider einen sehr schlechten Ruf wegen überreichlicher Verwendung von Pestiziden. In den letzten Jahren haben sich vermehrt Bauern zu ökologischem korrektem Anbau entschlossen und leben inzwischen gut damit. Die Ho Organic Farm ist eine davon. Mit diesem Wissen im Hinterkopf, können wir einer Box frischer Erdbeeren nicht widerstehen! Es geht noch schnell zur Rosenfarm, dann zum Sam Poh, einem chinesischen buddhistischen Tempel. Zuerst die Schuhe ausziehen und den Tempel mit dem linken Fuß betreten. Erstaunlich, was wir während unseren letzten Reisen alles schon gelernt haben. „Romy, schau mal!" Ein Mönch hat sein Auto einfach mitten im Tempel geparkt. Zwar zwischen zwei Gebetshallen, doch deutlich innerhalb der Mauern. Irre! Ich nehme mir wieder ein Büschlein Weihrauch, eine Spende gelangt in die Spendenbox, die Stäbchen kann ich beim Hauptfeuer anzünden. Versehen mit guten Wünschen platziere ich sie behutsam im Gebetskessel. Zeit um mich ein wenig umzuschauen. Der Tempel ist reichlich mit rot, gelb und gold dekoriert, die typischen chinesischen Farben. Beim Altar dann die drei Buddha-Figuren. Sie stehen für die Vergangenheit, für die Zukunft und für das Jetzt. Sonst ist jede Ecke mit einigen verschiedenen Buddha-Figuren versehen. Auf dem Altar liegen Bananen, Orangen, eine

Melone, Äpfel und ein Durian. Und Rosen. Frisch von der Rosenfarm.

Der Einfachheit halber bleibe ich für das Abendessen im Hotel. Gefreut habe ich mich auf die Köstlichkeiten, die am Buffet aufgestellt sind, die Satey-Speisen, die draußen gegrillt werden und das frische Wok-Gemüse. Ich bin etwas enttäuscht, als ich höre, dass wir nur à la Carte bestellen können und verstehe nicht ganz wieso wir die Köstlichkeiten vom Buffet stehen lassen müssen. Ich bestelle Fisch, Romy gönnt sich einfach eine Portion Pommes. Während ich auf das Essen warte, beobachte ich arglos eine muslimische Gruppe, die das Restaurant betritt. Es ist Ramadan Zeit und während des Fastenmonats ist es Muslimen von Sonnenaufgang bis Sonnenuntergang untersagt zu essen, zu trinken und zu rauchen. Für Reisende kann es in dieser Zeit zu Unterbrechungen oder Abweichungen im normalen Geschäftsablauf kommen und deshalb zu Einschränkungen. Viele Restaurants außerhalb der Hotels sind tagsüber geschlossen und der Genuss von Alkohol und Zigaretten ist nur eingeschränkt möglich oder sogar strikt verboten, teilweise auch für nichtmuslimische Urlauber. Jetzt wird die Sonne bald unter gehen und diese große Gruppe darf wieder Essen und Getränke zu sich nehmen. Und genau für diese Gäste ist das herrliche Buffet aufgestellt und sie stürmen es! Eine ältere Dame hat als erstes einen großen Teller vollgeladen und vor sich auf ihren Tisch hingestellt. Ein etwas molligeres Kind macht das gleiche, allerdings mit zwei Tellern. Und niemand fängt zum Essen an. Verteilt über sechs oder sieben Tische werden immer mehr volle Teller hingestellt. Unberührt. In der Zwischenzeit werden Fotos vom herrlichen Essen gemacht und mit Freunden auf Facebook geteilt. Auch die etwas ältere Dame postet ihr, inzwischen schon kaltes Essen, und teilt es so mit Freunden. Es dauert wirklich gute 15 Minuten bis alle etwas zu essen haben. Unser Essen ist inzwischen auch gekommen, wir dürfen es gleich und somit auch warm aufessen. Sobald der letzte Gast sich hinsetzt, werden die Teller bestürmt. Welche Rangordnung der letzte Gast hat, ist mir nicht klar. Interessant ist es schon, diese Gewohnheiten zu beobachten. Dazu muss ich ganz kurz bemerken, dass in Zell am See im Sommer der Tourismus aus dem arabischen Raum schon überdimensionale Formen angenommen hat. Nur in der Ramadan-Zeit nicht. Dann bleiben die Gäste aus Kuwait und Umgebung zu Hause. Laut „Der Star", die malaiische Zeitung von heute, nicht mehr notwendig. Heute hat die Zeitung einen Artikel mit „fasten far from home" Tipps und Tricks ausgegeben und informiert Muslime, wie sie auch während ihrer Reise die Ramadan-Gebräuche einhalten können.

Das Wahrzeichen von Kuala Lumpur: die Twin Towers.

Das Team, verantwortlich für alle TRAVELKID Reisen.

Gemütlich auf den Stiegen vor unserem Bungalow

Taman Negara entdecken wir mit Boot.

Die grünen Teeplantagen in den Cameron Highlands.

Die Katzenstadt Kuching.

Auf der Suche nach Nasenaffen im Bako Nationalpark.

Und wir sind fündig geworden!

Verabschiedung

„Es war nett euch kennengelernt zu haben." Mit diesen Worten verabschiede ich mich bei Familie Dunkel. Sie fahren heute nach Belum, Romy und ich steuern KLIA, Kuala Lumpur International Airport, an. Heute fliegen wir nach Borneo. Familie Dunkel bedankt sich noch für die schnelle Organisation eines neuen Kindersitzes. Innerhalb von fünf Stunden wurde ein neuer Sitz bis ins Hotel geliefert! Also Leute, bei Problemen gleich anrufen, damit wir die Situation lösen können!! Es spart viel Ärger. Für dich. Und für mich.

Von Brinchang bis Tapah ist es eine kurvenreiche Straße. Da ist wenig Verkehr, trotzdem kommen wir nur langsam voran. Romy hat es nicht so mit den Kurven. Ich verwende diese SEA Bänder für Sie. Die Bänder haben einen Akupressur-Punkt und helfen das Gleichgewicht auszugleichen. Trotz Bändchen hat sie Probleme mit den Kurven, obwohl ich auch glaube, dass es mit zu wenig essen zu tun hat. Sie hat kaum gefrühstückt. Langsam fahre ich den Berg hinunter. Die Bergflanken sind mit dichtem Wald bedeckt. Nur ganz selten passieren wir ein Dorf. Neben der Straße kleine Buden, in denen Durians verkauft werden. Und Häuschen von den Orang Asli Menschen. Die Ureinwohner. Kurz vor Tahan stehen wie aus dem Nichts viele kleine Buden direkt neben der Straße. Hier werden Souvenirs und Getränke verkauft. Rechts befindet sich der Laka Islander Wasserfall. Die

Größe des Wasserfalls ist nicht so beeindruckend. Ich finde ihn einfach schön und ideal für eine kurze Rast. Mit der Kamera in der Hand klettere ich die Stiegen hoch, bis zum ersten Wasserfall. Ich habe das Stativ und Grauverlaufsfilter mitgenommen, allerdings hier hoch oben im Schatten der Bäume passt das Licht überhaupt nicht. Inzwischen fühle ich, wie der Schweiß meinen Rücken wieder hinunter rinnt. Kaum sind wir den Brinchang Berg hinunter, ist es wieder heiß und feucht. Herrlich! Etwas weiter unten passt das Licht dann besser und ich habe Glück. Drei wunderschöne, fast feierlich gekleidete Frauen, ich denke aus Sri Lanka oder Indien, posieren direkt vor meiner Kamera. Ganz unbeobachtet mache ich das eine und andere schöne Bild und bin ganz happy.

Nach Tahan biege ich auf die Autobahn. Laut Navi sind es noch 166 KM bis zum nächsten Zwischenziel. Die Batu Caves, etwas nördlich von KL. Die Autobahn glänzt blitzblank in der Sonne. Bei der Tankstelle kaufen wir etwas zum Essen und ich nehme einen Kaffee mit. Die sauberen Rastplätze laden zu einer Pause ein. In Malaysia ist nicht nur das Einkaufen angenehm günstig. Auch das Tanken macht hier richtig Spaß. Ich zahle knapp 55 Cent pro Liter. Und ich bin „um!" Ohne Navi hätte ich die Batu Caves niemals gefunden. Jetzt bin ich auch nicht wirklich unter den perfektesten Voraussetzungen unterwegs. Ich muss nämlich fahren und gleichzeitig die Karte lesen. Gut. In Namibia oder Costa Rica brauchst du wirklich kein Navi. Da gibt es nur eine Straße und falsch fahren ist unmöglich! Hier in dem Wirrwarr an Straßen, vor allem rundum Kuala Lumpur, bin ich froh über die Dame, die mir freundlich erzählt, wo es lang geht, auf Geschwindigkeitsbegrenzungen hinweist, mich über Tankstelle und Rastplätze informiert und mich vor bending roads und sharp turns warnt.

Ein großer glänzender Hinduschrein thront vor dem Eingang der Höhle und ist von der Ferne kaum zu übersehen. Ich zahle eine Parkgebühr, der Eintritt erfolgt über eine Spende. Der Schrein wurde 1892 für Göttin Shiva und ihren Sohn, Lord Subramanium, errichtet, eine steile Treppe führt zum Heiligtum hinauf. Bei Stufe Nummer zehn ist es so weit. Der Schweiß rinnt schon wieder. Da kann ich gar nichts machen. Wie die muslimischen Damen es mit dem Kopftuch aushalten, ist mir ein Rätsel. Eine Truppe Langschwanz-Makaken hält sich auf den Treppen auf. Obwohl die kleinen Äffchen sehr niedlich ausschauen und über ein hohes Maß an Streichelgehalt verfügen, sind sie gar nicht so nett. Aufpassen und lieber die Spur wechseln. Oben angekommen, sind die blinkenden, glänzenden und leuchtenden Replikats der Hinduschreine gar nicht zu übersehen. Alles so kitschig, dass es fast wieder schön ist. Bei einer flimmernden Faszination bin ich stehen geblieben. Es ist ein Bild, ich denke das Gesicht von Shiva, mit blinkenden Lichtern, die auch noch ihre Farbe wechseln. Der Hammer!

Der Anblick der Höhlendome ist beeindruckend. Ein Filmteam macht gerade Aufnahmen und eine malaiische Familie aus Penang möchte unbedingt mit uns auf das

Bild. Da wo es in China (Siehe Steinhaufen ISBN 978-3 7431-0241-5) noch genervt hat, bin ich jetzt milder gestimmt und stelle mich neben den beiden Damen hin. Danach noch ein Foto mit dem Hausherrn und später, als ich schon wieder die Treppe hinunter wandere, möchte auch Oma unbedingt mit mir auf das Bild. Wir sind hier die Attraktion, voll süß.

Beim Ausgang werden in einem etwas gehobenen Souvenirladen Artikel verkauft, die wir in Thailand, China und Indonesien auch gesehen haben. Manchen Schnickschnack habe ich sogar schon in meinem Wohnzimmer stehen. Mein Wohnzimmer ist im Laufe der Jahre ein kleines Souvenir-Museum geworden! Was mich hier in Malaysia ziemlich stört, ist, dass überall der Name des Ortes auf den Souvenirs steht. Für die Asiaten ein Muss, eine Bestätigung, dass du auch wirklich dort warst.

Die 60 KM bis KLIA begleitet mich wieder die nette Stimme des Navis, sogar bis in die Parkgarage hinein. Ich kann das Auto einfach auf dem Hawk Parkplatz stehen lassen. Den Schlüssel deponiere ich beim Schalter. Via die Website von Malaysia Airlines habe ich gestern einen Online Check-in gemacht. Wir müssen nur noch das Gepäck abgeben. Ich habe natürlich keinen Drucker mit auf der Reise, so habe ich die Boardingpässe zu meiner Handynummer schicken lassen. Die sind bis heute nicht angekommen. Heutzutage überhaupt kein Problem mehr. Beim Check-in Schalter werden einfach neue ausgedruckt. Dann verabschieden wir uns vom Festland und fliegen nach Borneo.

Katzenstadt

Kuching ist der Hauptstadt von Sarawak, eine Provinz auf dem malaiischen Teil der Insel Kalimantan. Kalimantan wird geteilt mit Indonesien. Sabah ist die andere malaiische Provinz, dazwischen liegt das kleine Sultanat Brunei eingeklemmt. Das Zentrum von Kuching ist sehr kompakt, fast alle Sehenswürdigkeiten sind zu Fuß erreichbar. Die kleinen Straßen beherbergen zahlreiche kleine Shops, welche alles Mögliche verkaufen. Mitten durch Kuching verläuft der Sarawak Fluss mit der Waterfront, verschiedene Museen, Tempel und Moscheen. In der Malay Sprache bedeutet Kuching Katze. Es gibt verschiedene Geschichten, wie die Stadt zu ihrem Namen gekommen ist. Laut Reise-Know-How erhielt die Stadt ihren Namen auf Grund eines Sprachmissverständnis. Als James Brooke damals mit seinem Schiff im Hafen einfuhr, deutete er mit seiner Hand auf den Ort, um von seinem malaiischen Übersetzer den Namen zu erfahren. Dieser war jedoch der Meinung, dass Brooke auf eine vorbeistreunende Katze deute. Und laut der Malaien kommt der Name von cat´s eye fruit, eine Frucht, ähnlich wie die Lychees, die in dieser Umgebung zahlreich wächst.

Shaffy, so heißt unser Führer, steht pünktlich vor der Türe des Grand Margaritha Hotel, in dem wir gestern abend eingecheckt haben. Von außen ein gelber betonener Kasten. Innen doch sehr modern mit gemütlicher

Atmosphäre, neu eingerichtete Zimmer, Schwimmbad, direkt am Fluss und mitten im Zentrum. Das letzte haben wir in der Nacht bemerkt. Unser Zimmer blickt gleich auf eine geschäftige Straße. Hier hätte sich ein Upgrade zu einem Waterfront-Zimmer sicher gelohnt.

Heute besuchen wir Semenggoh Nature Reserve, ein Rehabilitationszentrum für Orang-Utans, direkt außerhalb von Kuching. Hier werden Waisenkinder oder kranke Tiere hingebracht und auf ein Leben in freier Wildbahn vorbereitet. Die meisten Tiere aus dem Zentrum sind bereits nach Matang, etwas mehr westlich von Kuching, gesiedelt. Da können die Orang-Utans besser in freier Wildbahn bleiben, weil das Gebiet, in dem sie dann leben können, viel größer ist, als rundum Semenggoh. In Semenggoh sind noch 27 Primaten – Orang-Utans sind ja keine Affen - mit ihren Babys. Diese 27 Tiere werden in einem späteren Rehabilitationsstadium nach Matang gebracht. Zwei Mal pro Tag, um 09.00 und um 15.00 Uhr, werden die Tiere noch extra gefüttert. Im Moment (Juli) ist es Obst-Zeit im Dschungel. Es gibt in dieser Zeit genügend Nahrung im Regenwald und deswegen sind die Orang-Utans nicht besonders an einer extra Banane von den Rangers interessiert. Nach einer ausführlichen Erklärung, wie wir uns zu verhalten haben, wenn Orang-Utans sich nähern, wandern wir zehn Minuten in den Wald hinein. Da liegt die Futterstelle. 200 Personen sitzen hier auf dem Steg und schauen der leeren Plattform zu. Obwohl die Rangers noch rufen und versuchen die Tiere zu locken, heißt es genau eine Stunde später: „Sorry. This is nature. Thank you for coming." Ich muss sagen, ich bin doch etwas enttäuscht. Bei den Vorbereitungen einer Reise schaue ich immer welche Sehenswürdigkeiten und Highlights es in einem Gebiet gibt. Wenn du dich im Vorfeld schon so damit beschäftigst, über Fotos, Kompositionen und Texte für Buch und Website nachdenkst und freust, darf ich ruhig enttäuscht sein!

Nachdem Shaffy uns zum Hotel zurückgebracht hat, bleiben wir eine Weile beim Pool. Ich bestelle beim Pool den typischen malaiischen Satey, Romy nimmt Spaghetti und wir genießen es mal nichts zu tun und nutzen das herrliche Wetter aus.

Der Tua Pek Kong Tempel liegt direkt gegenüber der Waterfront und ist einen Besuch wert. Er ist der älteste chinesische Tempel von Kuching, knallig rot gefärbt, versehen mit typischem chinesischen Schnickschnack. Einfach wunderschön. The Waterfront ist der zentrale Bereich der Stadt, direkt am Wasser. Ein Boulevard mit kleineren Läden, Restaurants, food stalls, hölzernen Bänken, Fischerbooten und Entertainment. An der anderen Straßenseite fängt der Bazar an. Hunderte Geschäfte mit Souvenirs oder Esswaren. Es ist anscheinend die älteste Straße der Stadt und das Herz der Altstadt. Gemütlich wandern wir über den Markt. Ich bin von der Freundlichkeit der Malaien begeistert. Niemand pusht mich etwas zu kaufen. Sie lächeln und grüßen freundlich, die Atmosphäre ich echt entspannt.

Um 17.30 Uhr steigen wir an Bord eines Schiffes. Ich habe eine River-Cruise über den Sarawak Fluss gebucht.

Gemütlich schippern wir das Ufer entlang mit Blick auf die Skyline von Kuching und passieren Fort Margaritha, die State Mosque, natürlich traditionelle Malay Häuser und Hausboote. Im Preis inkludiert einen viel zu süßen Orangensaft und fettigen Kuchen. Aber mit reichlich Nachschub. Sobald in meinem Glas zwei Schlucke fehlen, wird nachgeschenkt. Und wenn ich wollte, hätte ich acht Teller von dem Kuchen essen können. Der Service ist bestens. Am Ende findet noch eine kurze Show mit traditionellen Tanzvorführungen statt. Wir haben den Ausflug genossen.

Nasenaffen

Seit 1957 ist der Bako Nationalpark anerkannt und ein guter Einstieg in die Natur Sarawaks. Der Park liegt ganz im Norden, 30 Fahrminuten von Kuching, und ist zirka 27 km² groß. Das hört sich nicht so groß an, aber weil der Park im Norden an den Südchinesischen See grenzt, sind fast alle Vegetationstypen Borneos hier vorzufinden. Shaffy setzt uns beim Anlegeplatz ab und übergibt uns an unseren Führer für heute: Sapri. Wir sind bei einem kleinen Anlegeplatz angekommen. Hier befindet sich ein kleines Gebäude mit Mini-Ausstellung über den Bako Nationalpark. Während Sapri die Formalitäten erledigt, wandere ich mit Romy zum Anlegesteg. An der anderen Uferseite liegt ein kleines pittoreskes Fischerdorf, das außer vom Fischfang, natürlich auch vom Tourismus lebt. Jeder, der ein Boot hat, kommt zum Einsatz, weil du von hier nur mit dem Boot zum Nationalpark kommst. Auch wir steigen mit Sapri in ein Boot und sausen flussabwärts Richtung Nationalpark. Unterwegs sehen wir die Fischernetze im Wasser hängen und erklärt Sapri, welche Fischarten hier gefangen werden. Ich muss ehrlich gestehen, ich habe wieder vergessen welche. Zirka 15 Minuten dauert die Fahrt. Auf uns wartet eine sogenannte Wet Landing. Das Boot kann, auf Grund der extremen Ebbe und Fluss Gezeiten, nicht bis zum Strand kommen und einen Anlegesteg gibt es hier nicht. Also Schuhe aus und ins Wasser hinein. Am Strand ist gerade

Rushhour. Es wimmelt von Krabben, Krebsen und komische Schlamm-Tieren, auf der Suche nach Nahrung. Begrüßt werden wir von einem bearded Pig, eine Art Ferkel mit Bart. Sie sind so schüchtern, sobald ich mich etwas nähere für ein Foto, entfernen sie sich von mir.

Das Gebäude der Verwaltung ist gleichzeitig das Büro, ein Museum, ein Souvenirshop, ein Restaurant und du kannst hier die Füße abspülen. Mit sauberen Füßen in den Trekkingschuhen folgen wir Sapri. Im Nationalpark gibt es einige ausgeschilderte Wanderwege, wir nehmen den Trail gleich nach rechts, dem Strand entlang. Heute suchen wir die für dieses Gebiet so bekannten Proboscis Affen, besser bekannt als Nasenaffen. Komische Tiere mit einem enormen Bauch, die erwachsenen Männchen habe auch eine große Nase und erinnert am meisten an eine Gurke. Diese Tiere sind Wiederkäuer mit zwei Mägen und haben deswegen diesen riesigen Bauch. Sie schauen ja echt wie im 9. Monat schwanger aus. Der Pfad biegt in den Regenwald hinein, es ist heute wieder herrlich warm, die Luftfeuchtigkeit hoch und umso höher wir den Pfad hinauf klettern, umso mehr verändern sich die feinen Wassertropfen am Rücken in einen umfangreichen Wasserfall. Warum hat Sapri dieses Problem nicht? Er schaut und sucht inzwischen nach den Affen. „We will go to another place", sagt er gute zehn Minuten später. Wir drehen um und wandern den Pfad zurück. Noch keine zehn Schritte weiter hält er plötzlich an. „You are lucky today!" Ein Nasenaffe. Direkt oberhalb von uns. Und auf dem Hinweg gar nicht gesehen, so gut getarnt. Er sitzt ganz ruhig auf einem Ast, wie eine Statue, und bewegt sich nicht. Aber er beobachtet genau jeden Schritt, den wir machen. Natürlich habe ich das falsche Objektiv auf der Kamera. Immer das gleiche Theater, welcher Fotograf kennt es nicht. Obwohl ich alles blitzschnell wechsle, bin ich doch zu langsam. Der Affe verschwindet und ich höre nur noch das Rascheln der Blätter. Meistens leben diese Tiere in einer Gruppe. Sapri hat gute Hoffnung, dass wir die Tiere vom Strand aus besser sehen können. Und tatsächlich. Eine Gruppe von 10 bis 12 Tieren hält sich in den Bäumen direkt an der Küste auf und nascht von den saftig grünen Blättern. Die Tiere reißen größere Äste von den Bäumen, sind somit die Gärtner des Dschungels. Alles was nicht schmeckt, schmeißen sie weg. Von diesen Blättern am Boden ernähren sich dann die kleineren Tiere, welche sich dort aufhalten. Plötzlich kommt von rechts lautes Schreien auf uns zu. Eine Truppe Jungtiere bewegt sich von rechts nach links durch den Wald und macht einiges an Lärm. Solche Krachmacher! Die Sicht auf die Gruppe ist gut und ich kann die Tiere so richtig gut beobachten. Erst jetzt sehe ich, wie groß die Füße eigentlich sind! Fotografieren ist mit den vielen Blättern schwierig. Der Autofocus weiß nicht, auf was er scharfstellen soll. Manuell komme ich auch nicht ganz hin, dafür ist die Distanz zu den Tieren zu groß. Oder die Reichweite des Objektives zu klein... Über die Sichtweise kann man diskutieren. Langsam zieht die Truppe weiter in den Wald hinein. Sapri schlägt vor, auch in den Wald zu wechseln, wir rennen quasi durch den Busch und kommen gerade am anderen Ende rechtzeitig an. Wir stehen auf einer Brücke und oberhalb von uns sitzen die Tiere in den Bäumen. Unter der Brücke läuft ein trockenes Bachbett, welches eher nach einem Gehweg von den bearded Pigs ausschaut. Ich steige von der Brücke hinunter und folge dem Weg etwas weiter nach vorne zu den Affen. Jetzt habe ich einen tollen Blick auf die Tiere und fotografiere wie eine Wahnsinnige.

Es sind inzwischen schon 1,5 Stunde vergangen und wir sind noch am Anfang vom Trail. Sapri zeigt uns eine Karte vom Nationalpark, erklärt wo die Übernachtungsmöglichkeiten sich befinden und welche zwei Haupttrails es gibt. Die Übernachtungsmöglichkeiten möchte ich mal sehen, weil hier eine Nacht verbringen, doch etwas Besonderes ist und ich leicht in mein Programm aufnehmen kann. Natürlich sind die Bungalows eher basic, nur ganz am Ende gibt es ein neues Gebäude mit sechs Schlafräumen, in denen jeweils vier Personen pro Zimmer Platz haben. Immer noch kein Luxus, aber sauber.

Sapri hält plötzlich an. „Do you want to see a snake?", fragt er. „Yes", sagt Romy. Mit ihrer noch geringen Kenntnis von der englischen Sprache, hat sie den Satz sehr wohl verstanden! Wir stehen bei einem Busch und laut Sapri sitzt die Schlange genau vor uns. Romy hat eigentlich ein ganz gutes Gespür für Wildtiere und sieht sie meistens schneller wie ich. Jetzt stößt auch sie an ihre Grenzen. Nach fünf Minuten geben wir auf. Sapri deutet auf eine giftgrüne Viper, circa 70 cm lang, zusammengerollt und wirklich direkt vor der Nase, auf Kniehöhe, nicht mal 50 cm vom Pfad entfernt. Die hätte ich wirklich nicht gesehen. Und gleichzeitig realisiere ich, dass ich hier im Dschungel teilweise nur 50 cm vom Ernstfall entfernt bin. Als Laie sollte man diese Gefahr nie unterschätzen und ich bin froh, dass wir mit Sapri unterwegs sind. Ein Biss von diesem Tier könnte unter Umständen lebensgefährlich sein. Schön ist die Schlange trotzdem!

Vorne beim Strand fängt einer der zwei Trails an. Der eine dauert ca. eine Stunde, der andere ist schwieriger und dauert zwei Stunden. Wir entscheiden uns für den einfachen und kürzeren Trail. Sapri lotst uns zuerst über einen Holzsteg. Große Teile der Küste sind mit Mangroven-Wald versehen. Wir waren zuerst rechts vom Hauptgebäude unterwegs. Alles links vom Hauptgebäude ist Mangroven-Wald und weil du in der Flutzeit oder am Anfang der Ebbe nicht auf dem schlammigen sumpfigen Sand gehen kannst, sind Holzstege angelegt. Bis zum Waldrand. Da verläuft der Trail dann durch den Regenwald. Wir kraxeln, kriechen, krabbeln, schleichen und schlüpfen über umgefallene Bäume, Steinen, Wurzeln, Blätter und Äste und gelangen tiefer in den Regenwald hinein. Etwas Lebendiges ist hier kaum zu sehen. Stattdessen zeigt Sapri uns sehr hartes Holz, iron wood, Eisen Holz. Umso härter das Holz, umso langsamer wächst der Baum. Er zeigt uns auch, wie Rattan, woraus Möbel gemacht werden, ausschaut. Und Meranti. Alles wird fachmännisch mit sehr viel Liebe und Geduld erklärt. Es ist immer noch sehr warm im Wald, die Hitze bleibt unter den Ästen und Blättern so richtig hängen. Einige Menschen begegnen uns, hecheln und keuchen und sind teilweise mit Flipflops unterwegs. Es ist immer wieder zum Klettern oder zum Steigen. Bergschuhe sind hier sicherlich übertrieben, aber mit Flipflops oder Sandalen könnte ich den Weg nicht gehen. Einfach zu anstrengend. Nach einer Stunde die Belohnung. Blauer Himmel, weißer Sandstrand, azurblaues Wasser, grüne Bäume. So ein Traumbild. Wir haben die Badesachen mitgenommen und ein erfrischender Sprung ins Meer wäre doch eine tolle Belohnung, oder? Sapri sieht dies aber anders. Er meint, dass es bei Ebbe sehr gefährlich sei, hier zu schwimmen. Catfish und Rochen kommen dann sehr nah zum Strand und können gefährlich stechen. Hier bin ich doch immer wieder froh, das Fachwissen von den Einheimischen nutzen zu können. Wir versprechen ihm, nicht weiter als knietief ins Wasser zu gehen und dürfen mit seiner Erlaubnis ins Meer. Echt abkühlen tue ich mich nicht. Das Wasser ist dafür viel zu warm. Trotzdem ist es fein, den himmlischen Cocktail von Schweiß, Sonnencreme und Anti-Moskito-Spray vom Körper zu waschen.

Auf dem Rückweg biegt Sapri irgendwo einfach rechts ein. Dies ist keine normale Wanderroute mehr, soviel ist sicher. Er wird schon wissen, was er tut. Es geht ziemlich steil hinunter, ein Bearded Pig kreuzt unseren Weg und eine grüne Viper liegt jetzt quasi auf dem Weg. Kurze fünf Minuten später stehen wir am Strand, oder besser gesagt im Mangroven-Wald. Obwohl tagtäglich die Flut hier zwei Mal herein kommt, ist ganz deutlich ein Pfad zu erkennen. Krabben, knallblau und mit nur einer Schere, Schlamm-Moskitos und komische Schnecken sind auf dem Sumpfsand unterwegs. Es ist hier sicherlich etwas bequemer zu gehen, als den Dschungelweg und weg vom dichten Blätter-Wald auch gleich viel kühler. Fein!

Am Ende der Wanderung wartet ein herrliches Buffet im Restaurant auf uns. Nichts großes, jedoch abwechslungsreich mit Fleisch, Fisch, Gemüse, Reis, Obst. Eigentlich für Jeden etwas dabei. So endet der Ausflug und schauen wir auf einen netten Tag zurück.

Um 18.00 Uhr sollten wir uns beim Bla Bla Bla Restaurant melden. Ja, das Restaurant heißt wirklich so. Ich treffe mich mit Maurice, Geschäftsführer vom Sarawak Tourism Board. Ich habe ihn auf der ITB Messe in Berlin kennengelernt und natürlich erzählt, dass ich nach Sarawak komme. Meine Agentur hat ein gemeinsames Essen arrangiert. Auch Adeline, die Geschäftsführerin von meiner Agentur, verantwortlich für Sarawak, kommt mit. Und ich freue mich auf dieses Treffen. Von der Außenseite würde ich niemals das Restaurant betreten. Es schaut etwas düster aus und von hier ist es auch nicht richtig zu erkennen, dass sich hinten ein großer Gastgarten mit zirka 12 Tischen befindet. Maurice und Adeline bestellen einige Gerichte, wir können einfach kosten. Ich tue mich da immer schwer etwas von der Karte zu bestellen. Du hast keine Ahnung, was gut ist und was nicht, ob es schmeckt. Jetzt kann ich einfach das was lecker ausschaut probieren und bin begeistert. Die Schnecken mit dem weichen Haus lasse ich allerdings liegen…

Kopfjäger

Wir verlassen die Katzenstadt und versuchen in Semenggoh ein zweites Mal Orang-Utans zu Gesicht zu bekommen, aber auch heute bleiben die Tiere im Wald versteckt. Wir verfolgen unseren Weg, zuerst nach Serian, und sind mit dem „Bas Persiaran" unterwegs. Du siehst unglaublich viele von diesen kleinen Minibussen in Malaysia, immer weiß mit grün bemalt und in Großbuchstaben „Bas Persiaran" auf der Seite geschrieben, was Tourbus bedeutet. Unterwegs wird mir bei der Autofahrt nie langweilig. Da ist immer etwas zu sehen. Natürlich kleine Häuser, in denen die Menschen wohnen. Teilweise mit Ziegeln oder Wellblechdach. Verrostet. Das ist wohl klar. Und kleine Buden, in denen im Moment hauptsächlich Durians verkauft werden. Es ist gerade Erntezeit. Die großen stachelichen Früchte werden auch Stinkfrucht genannt, weil sie so unglaublich stinken. In den Hotels siehst du oft Hinweisschilder, dass du keine Durians ins Hotel mitnehmen darfst. Und obwohl sie schrecklich stinken, schmecken sie ganz gut. Dann auch viele Geschäfte und Läden. Und sie haben entweder etwas mit Lebensmittel oder etwas mit Autos zu tun. Meistens eine Werkstatt oder sie verkaufen Reifen. Ich sehe auch eine Bushaltestelle, einen Friedhof, eine Kirche und eine Schule, Strommasten, Satellitenschüsseln, natürlich streunende Hunde, Hinweistafel von Pizzahut, Kentucky Fried Chicken oder Mc Donalds.

Auch diese Fastfood-Industrie hat sich auf Borneo niedergelassen. Dazu passend kleinere Baustellen von sowohl Häusern als auch Einrichtungen vom Land, lokale Märkte und Reisfelder mit Scheunen. Ich verstehe nicht so ganz, warum die Scheunen immer ein Wellblechdach haben. Es muss erstickend heiß darunter sein. Da wird nicht nur Reis angebaut. Viele Private haben einen Gemüsegarten beim Haus oder machen ein Stück Land fruchtbar, in dem sie die Sträucher und das Gebüsch, die darauf stehen, anzünden. Ganz kontrolliert wird alles verbrannt und der Boden für den neuen Anbau fertig gemacht. In erster Linie ist die Ernte von dem Anbau für den Eigenbedarf. Nur wenn etwas übrig bleibt, wird es auch auf dem lokalen Markt verkauft. Wir sind auf dem Weg nach Serian und hier gibt es einen größeren Obst-, Gemüse-, Fisch- und Fleischmarkt und darauf freue ich mich schon.

Shaffy muss noch einiges einkaufen. Wir sind zwei Tage bei den Iban, die früheren Kopfjäger, zu Gast und Shaffy wird für uns kochen. Er fragt schon zwei Tage, was wir gerne essen und welches Gemüse Romy mag. Er macht sich wirklich Gedanken und möchte natürlich, dass wir etwas Gutes und Leckeres zu essen bekommen. Ich habe Gemüse und Huhn bestellt, Romy wünscht sich Nasi Goreng, also gebackenen Reis. Eigentlich möchte ich gerne mit ihm mitgehen, das Essen einkaufen. Er nimmt uns zuerst mit auf eine Runde über den Markt. Danach verabschiedet er sich. Wir sollen uns in einer Stunde wieder beim Auto melden. Ich denke, er möchte den Einkauf lieber alleine erledigen und hat nicht so richtig verstanden, dass ich gerne mitmöchte. Es kann auch sein, dass er den Auftrag hat, keine Gäste mitzunehmen. Das passiert auch immer wieder.

Romy und ich wandern zuerst über den „harmlosen" Obstmarkt. Das Obst liegt sehr sorgfältig aufgestapelt, damit die Verkäufer die Waren in aller Pracht präsentieren können. Die Äpfel sind gewaschen und geputzt, nur schönes Obst wird auch gut verkauft! Natürlich erkennt Romy Banane, Äpfel und Orangen und inzwischen kann sie sich die weniger bekannten tropischen Früchte wie Jackfruit, Mangustinen und Durians auch merken. Etwas spannender ist natürlich der Fischmarkt. Nicht jedermanns Sache und vor allem mit kleinen Kindern immer wieder mit Vorsicht zu betreten. Romy ist, was Märkte anbelangt, schon eine „Die Hard" und einiges gewohnt. Auch sie liebt es, wie ich, auf dem Markt herum zu streunen und zu schauen, was es so alles gibt. In Asien ist es so, dass alles was mal gelebt hat, auch gegessen wird. Und gegessen wird nur das, was auch wirklich frisch ist. Da sind die Asiaten genau so heikel wie wir. Auch wir möchten nur frische Sachen essen. Hier auf dem Markt bedeutet das, dass die Fische teilweise noch leben. Ich sehe die komischen schwarzen Schneckenhäuser, die ich beim Abendessen mit Maurice und Adeline nicht gegessen habe, wieder. Tennisballgroß mit einer schleimigen Schnecke drinnen. Man muss nicht alles mögen! Natürlich Garnelen, Krebse, Tintenfisch und vier blaue Plastiksäcke mit ……. Schlangen! Igitt! Ein Sack bewegt sich gerade und die Schlange schlängelt sich in dem viel zu kleinen Plastiksack herum. „Schau mal,

Romy", sage ich zu ihr und wir bleiben bei den offenen Plastiksäcken stehen. Durch das blaue Plastik kann ich nicht sehen, wo der Kopf sich befindet, wir sehen lediglich einen kleinen Teil der braun gemusterten Schlange, da wo der Plastiksack offen ist. Es könnte eine Python sein, aber auch etwas ganz anderes. Fasziniert von diesem Geschehen, stehen wir wie fest-genagelt am Boden vor der Bude und warten bis der Kopf aus dem blauen Sack heraus kommt. Die Spannung steigt, das Tier hat sich schon fast aus dem Sack geschlängelt, und dann… Nichts Kopf. Wir schauen in ein großes blutiges Loch hinein. Geköpft! Natürlich ist die Schlange schon längst tot, nur die Muskulatur ist einfach noch in Bewegung gewesen. Das bedeutet nur eines. Frisch! „Grintig", sagt Romy nüchtern auf Pinzgauerisch. Sie ist nicht mehr so schnell beeindruckt.

Beim nächsten Verkäufer stehen am Boden große Wannen aufgestellt mit Catfish, Welsen nach Größe sortiert und mit 50 Stück drinnen, wo laut Tierschutzbehörde nur fünf Platz haben. Manche Exemplare möchten ihrem Schicksal entkommen und versuchen aus der Wanne zu springen. Manchmal gelingt es und verschwindet ein Wels, der am Boden versucht hat zu flüchten und dabei ziemlich weit gekommen ist, in der Wanne des Nachbarn. Nichts gesehen, heißt nichts gewusst. Ich würde es klauen nennen. So ein Schlitzohr, der Nachbar!

Um´s Eck befinden sich einige Geschäfte in dem die täglichen Gegenstände wie Unterhosen, Socken, Kochutensilien, ganze Kochherde, Wäschekörbe, Vorratsbehälter, Seife, Zahnbürste und Waschpulver verkauft werden. Ich habe gesehen, dass ich eine neue Zahnbürste benötige und kaufe für 50 Cent ein neues grünes Exemplar. Das wird meine neue Reise-Zahnbürste. Während meiner Reisen trage ich immer eine Hüfttasche. Da ist alles drinnen, was ich am Tag so brauche. Taschentücher, Reservebatterien und Speicherkarten für die Kamera, Labello, Geld, Kugelschreiber und mein Telefon. Ich schnalle sie so ungefähr dann um, wenn ich zu Hause die Tür hinter mir zusperre und erst wenn ich den Schlüssel wieder in die Haustüre stecke, schnalle ich die Tasche wieder ab. Für mich funktioniert es so am besten, eine lose Handtasche würde ich irgendwo vergessen und die flachen Geldtaschen, die man am Körper trägt, finde ich in dieser Hitze eine Katastrophe. Alles was drinnen ist, wird einfach klitschnass vom Schweiß. Romy wünscht sich schon länger auch so eine Tasche, damit sie ihr Geld und Handy hineinstecken kann. Am Markt gibt es sehr viel Auswahl dieser Hüfttaschen und sie sucht sich ein Adidas Exemplar in lila aus. Für 2 Euro schnallt sie die Tasche um ihre Hufte, verstaut Handy und Geld drinnen und ich habe ein Problem weniger.

Für nicht mal 60 Cent kaufen wir noch eine Ananas als Geschenk für die Iban und genau eine Stunde später melden wir uns bei Shaffy. Es dauert noch mal 1,5 Stunden, bis zum Mittagessen. Ein kleines Lokal entlang der Straße und völlig überfüllt „Bas Persiaran." Und nochmals 1,5 Stunden später stehen wir endlich am Anlegeplatz. Ich muss sagen, die Reise von Kuching hierher ist mit fast fünf Stunden grenzwertig. Ich habe gestern Abend die Koffer schon umgepackt. Wir werden nur einen Bruchteil des Gepäcks mitnehmen und lassen das restliche Gepäck im Minibus. Mit dem Boot geht es normalerweise in 40 Minuten zum Ngemah Dorf. Zumindest, in der Regenzeit. Wir sind in der Trockenzeit unterwegs, unser Kapitän John sitzt beim Motor hinten. Bootsmann Djenim sitzt vorne. Und gleich bei der ersten Kurve geht es schon schief. Das Wasser ist so untief, das Boot läuft am Boden auf. John muss den Motor aus dem Wasser heben, Djenim steht auf und stößt mit einem Baumstamm ins Wasser und lenkt das Boot über die Stelle. Als wir drüber sind, lässt John den Motor wieder ins Wasser rein, startet wieder und weiter geht es. Bis zur nächsten untiefen Stelle. So wird eine Bootsfahrt echt lustig!

Rechts und links ist das Ufer mit einer üppigen Vegetation bedeckt. Laubbäume, große Dschungelbäume wie Meranti oder Bambus und auch Farne, Hibiskus und Rhododendren haben sich einen Platz gefunden. Nur ganz selten schießt ein Vogel über das Wasser. Meistens sehen wir leider kaum etwas. Im Vergleich zu einem Land wie Costa Rica ist es auf Borneo relativ ruhig im Dschungel. Bei der nächsten untiefen Stelle läuft das Boot richtig auf dem Boden fest. John hat den Motor bereits ausgeschaltet und aus dem Wasser gehoben. Beide Männer versuchen mit dem langen Stock das Boot über die Stelle zu schieben und in der starken Strömung drohen wir sogar stromabwärts zu schießen. Schnell springt Djenim ins Wasser und schiebt das Boot über die untiefe Stelle, bis John den Motor wieder ins Wasser senken kann und die Schraube unter Wasser wieder Griff hat. Mit nasser Hose springt Djenim zurück ins Boot, platziert sich vorne auf den Spitzkanten und weiter geht es. Romy und ich müssen so richtig lachen. Djemin gibt einfache Hinweise in Form von Handzeichen. Rechte Hand heben. Linke Hand heben. Hand nach vorne, Hand hoch. Die Kommandos lassen sich, auch wenn du der Iban-Sprache nicht mächtig bist, erraten. Noch einige Male läuft das Boot fest und muss Djenim rudern oder aus dem Boot springen. Und auch John bleibt nicht trocken. An einer Stelle ist die Strömung so stark, da müssen beide Jungs schieben.

Wir nähern uns Ngemah, dem Dorf der Iban, in dem wir übernachten werden. Vom Fluss aus sehe ich nur drei kleinere Steinhäuser und nichts was auf das traditionelle Langhaus hinweist. Erst als wir die betone Stiege hinauf wandern, sehe ich das Langhaus liegen. Ich kann von hier aus gar nicht sehen, wie lang das Haus eigentlich ist. Du kannst es vielleicht am besten als einen ordentlichen Reitstall bezeichnen. Shaffy fragt ordnungsgemäß um Zustimmung beim Bürgermeister, ob wir sein Dorf und das Haus betreten dürfen und mit allen Geschenken, die Shaffy mitgebracht hat, kann er uns dies wohl kaum verweigern. Das Dach ist aus Wellblech, sonst ist alles aus Holz. Ich sehe einen langen Gang. Ein Korridor. Links davon sind die Zimmer der Familien an einander gereiht. Rechts vom Gang eine Art Anhöhe, auf dem die Iban gerne sitzen und wo die Gäste schlafen können. Am Boden dieser Anhöhe liegen Strohmatten. Am Gang selbst sind allerhand Plastikfolien in verschiedenen Farben und Mustern, was gerade vorhanden war, aneinander geklebt. Vor jedem Haus ist ein Mini-Souvenir Laden, wo auf der Welt gibt es das eigentlich nicht? Für mich als Souvenir-Jägerin genau richtig. Das Zimmer, welches sich genau in der Mitte befindet, ist übermäßig dekoriert und mit extra viel Souvenirs ausgestattet. Fotos, Ansichtskarten, eine „hup Holland hup" Fahne und vieles mehr. Erst später erklärt Shaffy uns, dass hier der Bürgermeister wohnt. Im ganzen Gang ist kein einziger Sessel zu sehen. Nur vor der Türe des Bürgermeisters. Da steht einer. Frauen, Kinder, Männer, jung und alt. Alles rennt hier durcheinander. Romy und ich sind bei der Familie Nyatong zu Gast, eine Familie mit fünf Personen. Oma, Tochter, Mann und zwei Söhne. Wir sind herzlich willkommen und dürfen die Wohnung jederzeit betreten. Sie ist karg eingerichtet. Betten sehe ich nicht, dafür einen Staffel dünne Matratzen in der Ecke. Na ja Matratzen… sie haben eher die Dicke einer Yoga-Matte. Auch John, Djenim und Shaffy werden hier übernachten. Shaffy wird für uns kochen und darf die Küche der Familie benützen. Einfach eingerichtet, alles, was man zum Kochen benötigt, ist da. Der Besuch und die Übernachtung sind definitiv etwas Besonderes.

Außer einem australischen Hochzeitspärchen sind wir die einzigen Gäste. Da wo es an manchen solchen Orten oft touristisch zugeht, ist es hier wirklich original. Traditionell. Die Menschen führen nichts vor. Das was ich sehe, so leben die Menschen wirklich. Nichts gekünstelt. Ja, es ist wirklich authentisch. Zeit für Kaffee und Tee.

Gemeinsam mit unserer Familie, die kein Wort Englisch spricht, setzen wir uns auf der Anhöhe hin. Shaffy erzählt über die Funktion des Langhauses und erklärt das weitere Programm für heute. Und das heißt Freizeit. Bis zum Abendessen. Ich versuche den viel zu starken Kaffee runter zu bringen und ersticke fast. Nein, nicht vom Kaffee. Vom Rauch! Vor jeder Türe wird nämlich Holz verbrannt. Das Holz so staubtrocken, dass es nur raucht. Der Rauch soll die Mücken aus dem Langhaus fern halten. Bei dem Rauch wird nichts und niemand drinnen bleiben, soviel ist sicher. Es ist auch erstickend heiß hier unter dem Wellblechdach. Also raus, raus aus der Hütte!

Ich wandere zurück zum Fluss und merke gleich, dass es draußen 10 Grad kühler ist. Obwohl man bei 35 °C nicht unbedingt von einer Kälte sprechen kann. Ich setze mich auf der Stiege beim Wasserrand hin und schaue zwei Kindern beim Baden zu. Eine ältere Dame macht gerade die Wäsche, Romy planscht etwas im Bachbett herum. Ein herrliches Ambiente um das Tagebuch wieder mal zu aktualisieren.

Im Langhaus ist nicht viel los. Alle Familien haben sich in ihre Häuser zurückgezogen und kochen. Und weil das Essen schon in der Pfanne liegt, trauen sich die Hühner einen Blick ins Langhaus zu werfen. Die Hunde, die sich unter dem Haus befinden, bellen ständig und kämpfen ihre Machtspielchen aus, Katzen liegen in der Sonne und dazwischen spielt sich das alltägliche Leben ab. Ein Leben, wobei es genauso wie bei vielen Bauernfamilien aus unserer Region sehr traditionell abläuft. Die Frauen sind zu Hause. Waschen. Kochen. Versorgen die Kinder. Die Männer sind auf der Farm oder arbeiten auf dem Land. Sie pflanzen Gemüse für den eigenen Verbrauch und betreiben einen kleineren Berghang voller Pfeffersträucher. Früher haben sie noch Rubber angebaut, aber heutzutage bekommen sie nur noch 2 Ringgit für ein Kilo Gummi. Für ein Kilo schwarzen Pfeffer dahingegen, bekommen sie 22 Ringgit, für weißen Pfeffer sogar 34 Ringgit. Klar! Dann würde ich auch lieber Pfeffer anbauen, wenn ich etwas anbauen muss.

Shaffy ruft. Er hat das Abendessen fertig. Zwei Tage lang hat er gefragt, was wir gerne essen möchten. Huhn, Gemüse, Nasi Goreng. Huhn und keinen Kühlschrank war vielleicht nicht unbedingt die intelligenteste Bestellung. Mal schauen, was daraus geworden ist. Die Familie sitzt bereits am Boden und wartet. Wir sollen, gemeinsam mit Shaffy und den beiden Bootsmännern am Tisch Platz nehmen. Es gibt Reis mit frittiertem Huhn, Bohnen, Spinat, Sojasprossen und etwas undefinierbares Grünes. Eine Gemüseart, die ich nicht kenne. Aber alles schmeckt fantastisch. Sogar Romy, nicht unbedingt die beste Esserin, schleckert zwei Teller vom Reis weg. Als Dessert noch eine Tasse Kaffee. Ich nehme immer selbst Sachets löslichen Nescafé Cappuccino mit. Nur etwas warmes Wasser dazu und fertig. Praktisch und in wirklich allen Ländern der Welt erhältlich.

Während wir gegessen haben, hat eine Dame auf der Anhöhe unsere Schlafplätze hergerichtet. Am Boden liegen zwei Matratzen. Matratzen, die du zu Hause nicht mal für den Hund verwenden willst. Aber im Vergleich zu den Matratzen, die ich bei der Familie gesehen habe, fast Boxspring-dick. Darüber ein wirklich sauberes Leintuch, natürlich mit zwei kleineren Löchern. Zwei Polster. Yoga-Matte-dick. Zwei viel zu kurze Decken, natürlich sauber. Und über das Ganze ist das Moskitonetz gespannt. Ein Netz ohne Löcher, Model Box. Ein prima Netz und ein prima Plätzchen zum Schlafen. Ich möchte am liebsten gleich ins Bett! Shaffy ruft uns wieder. Jetzt ist Feierabend! Zuerst dürfen wir den Bürgermeister kennenlernen. Ein etwas jüngerer Kerl sitzt etwas hängend auf dem Stuhl, ein ordentlicher Bierbauch prahlt unter seinem T-Shirt heraus, an einem Fuß einen Socken. Der Fuß schaut auch etwas kleiner aus. Am Unterschenkel eine verheilte Brandwunde. Ja, das Leben als Bürgermeister ist nicht einfach! Sein Vater war Bürgermeister und sein Sohn wird es irgendwann auch werden. Kein Wahlkampf, keine Wahlliste. Er bekommt einfach den Job, weil er der „älteste Sohn von" ist. Seit 2003 darf er sich Bürgermeister nennen und wird eigentlich nur aktiv, wenn zwei Leute aus dem Dorf einen Streit haben. Dann entscheidet er. Er kommt mir etwas protzig vor. Ein Wichtigtuer. Wichtig ist in jedem Fall das Gästebuch, welches wir zeichnen müssen. „Dear guests." Er hält eine kurze Ansprache, begrüßt uns, heißt uns Willkommen und ist froh, dass wir zu ihm gekommen sind und wir sind froh, dass wir da sind.

Romy klagt seit 2 Stunden über Schwindelgefühl, Kopfweh und Halsschmerzen. Vielleicht ist es die Hitze, oder doch das Huhn. Es ist nach wie vor erstickend warm hier im Haus und ich lasse sie etwas mehr trinken. Inzwischen haben zwei Menschen sich traditionelle Tracht angezogen und mit einem Willkommenstanz werden wir jetzt offiziell begrüßt. Abgeschlossen wird die Zeremonie natürlich mit einem Trinkspruch mit Reiswein. Drei Frauen sitzen am Boden und machen mit originellen traditionellen Instrumenten Musik. Und dann sind wir dran. Der junge Australier, vom Hochzeitspärchen, ist so begeistert von diesem Abenteuer, dass er gerne mit uns mittanzt. Seine frisch angetraute Braut sitzt in einer Ecke. Sie ekelt das Ganze. Schaut verbissen in ihr Buch und möchte ganz deutlich nichts wie weg. Ich muss sagen. Leicht erkennbar. Ich bin neugierig, wie lange die zwei durchhalten.

Krankenstation

Viel besser als erwartet haben wir die Nacht verbracht. Der Hahn hat sich fünf Mal in der Uhr verschaut, die Hunde haben auch in der Nacht ihre Kämpfe weitergeführt. Ein Mann hat, nachdem er um 3 Uhr mittags schon viel zu viel Reiswein getrunken hat, um 3 Uhr nachts dann endlich eingesehen, dass er wirklich genug gehabt hat. Der Alkohol-Konsum, oder eigentlich Alkohol-Missbrauch, ist an solchen Orten natürlich gigantisch. Romy klagt immer noch über Halsweh und ein Schwindelgefühl, jetzt allerdings viel schlimmer als gestern. Erst mal etwas essen. Shaffy hat das Frühstück bereits fertig. Brot, Eier, frittierter Reis. Ich habe noch Kaffee. Perfekt.

Geplant war eine Vorführung blowpipe schießen, also Blasrohrschießen. Im Endeffekt zeigt Shaffy uns wie ein Blasrohr ausschaut und wie wir damit schießen können. Gemacht wird das Rohr vom zweithärtesten Baum der Welt, der Tapah. Stark von außen. Weich von innen. Aus der Innenseite wird ein Loch mit einem Durchmesser von zirka sieben Zentimeter gebohrt. Handarbeit. Deswegen wird das Rohr niemals gerade sein. Der Besitzer muss einfach länger üben, weiß dann allerdings ganz genau, wie er zielen muss, damit der doch das Target trifft. Das Rohr ist ungefähr zwei Meter lang und wird mit beiden Händen direkt vorne beim Mundstück festgehalten. Nur so kann mit dem Werkzeug genau gezielt werden. Das benötigt einiges an Übung. Das Blasrohr ist nämlich sauschwer! Die Pfeile werden auch aus einem harten Holz geschnitzt. Zahnstocher dick. Am hinteren Ende wird ein dickeres Stück Holz befestigt. Ballast, welches für die Steuerung zuständig ist. Das Blasen soll kurz und kräftig sein. Shaffy zeigt es ein Mal vor. Dann bin ich dran. Gerade noch erwische ich die Zielscheibe im äußersten Eck. Dann Romy. Ihr Pfeil geht einfach gleich ins Schwarze. Haargenau in die Mitte. Bullseye!!

Danach wandern wir rund um das Langhaus. Eine Besichtigung steht an. Von der Außenseite ist erst gut zu sehen, wie groß das Haus eigentlich ist. Auf dem Gelände befindet sich noch eine kleine Kirche, die Iban sind Christen. Der Ferkelstall liegt gleich daneben und etwas weiter hinter dem Haus die Pfeffer-Plantage. Wie bereits geschrieben ist Pfeffer doch einiges Wert und die Iban verdienen ihr Geld mit dem Verkauf von Pfeffer. Alles zusammen hat die Besichtigung und die Vorführung nicht mal eine Stunde gedauert. Im Vergleich zu den Living Museen in Namibia (Siehe Elefantenspuren - ISBN 978-3-7431-5442-1), bei denen du verschiedene Programme mit den Einheimischen buchen kannst, von einer Wanderung im Busch bis hin zu Pfeil und Bogen basteln, etwas mager. Das wäre doch noch eine tolle Idee für die Iban oder kommt da einfach mein kaufmännisches Denken zum Vorschein? Ich hätte gerne selbst ein Blowpipe geschnitzt! Jetzt habe ich beim Bürgermeister für stolze 100 Ringgit, ja! 20 Euro, eins gekauft.

Romy klagt mir etwas zu viel über Halsweh. Sie schaut immer blasser aus, wirkt langsam matt und lustlos. Wenn sie mir jetzt hier im Outback Krank wird, damit habe ich nicht viel Freude. Außerdem ist das Programm für heute fertig, es ist noch nicht mal 11 Uhr, also trage ich Shaffy mein Problem vor. Ob es möglich ist, früher als geplant hier weg zu gehen, Richtung Zivilisation. Sein Problem ist, dass er hier keinen Handy Empfang hat. Er kann jetzt nicht beim Hotel nachfragen, ob wir einen Schlafplatz für die Nacht bekommen. Ich sehe da nicht so ein Problem. Da wird in Damai Beach, die nächste Station nördlich von Kuching, wohl irgendwo ein Zimmer frei sein. Außerdem dauert die Fahrt sicherlich wieder fünf Stunden. Zeit genug ein Hotel zu finden. Abgemacht. Wir fahren. Shaffy holt die beiden Bootsmänner aus der Küche, ich verstaue alles im Koffer, wir verabschieden uns bei der Nyatong Familie, bedanken uns für die herzliche Gastfreundschaft und steigen zehn Minuten später mit dem restlichen Essen wieder ins Boot.

Wieder kämpfen die Bootsmänner mit dem niedrigen Wasserstand. Während Djenim mit seiner Hand rechts, links, hoch und vorne deutet, führt John seine Aufgaben so gut es geht aus. Doch immer wieder laufen wir am Boden auf. Sieben Boote kommen uns entgegen. Touristen, die im Hilton Hotel übernachtet haben und heute das Dorf als Tagesausflug besuchen. Auf einem relaxten Stück Strand halten wir an. Shaffy hat uns geraten, noch etwas zu essen, bevor wir die lange Fahrt starten und er hat noch etwas Besonderes für uns vorbereitet. Bambus-Barbecue! Unsere Bootsmänner gehen gleich an die

Arbeit. John macht ein Feuer. Djenim fängt an Reis in Blätter zu falten. Die Blätter hat er kurz bevor wir angehalten sind, aus dem Wald geholt. Einfach von den Bäumen geschnitten. Wir können ihn helfen. Djenim erklärt, wie Romy zwei Blätter zuerst im Flusswasser sauber machen soll, dann leicht versetzt über einander legen muss und ein Hand Reis darauf verstreuen soll. Die Blätter werden dann in der Breite zusammengerollt, die Endstücke gefalzt und das Ganze in den Hohlraum von einem Stück Bambus gesteckt. Ich schäle und zerstückele inzwischen verschiedenes Gemüse, das Gemüse geht einfach so in die Bambusröhren. Shaffy schneidet das Huhn, welches schon zwei Tage außerhalb des Kühlschranks liegt in Stücke und auch diese Stücke gelangen in verschiedene Bambusröhrchen hinein. Romy fühlt sich immer schlechter und… täusche ich mich jetzt? Oder hat sie jetzt auch Fieber? Ich verwende eigentlich nie einen Thermometer. Durch am Körper zu fühlen, weiß ich schon, ob sie „nur" 38 oder eher 40 Grad Fieber hat. Und ob es dann 39,8 °C oder 40,1 °C ist, ist mir eigentlich egal. Beides zu hoch. Ich schätze sie jetzt auf ein hohes 38 °C ein und schicke sie in den Fluss hinein. Abkühlen!

John hat das zweite Feuer auch fertig. Im ersten Feuer werden die Bambusröhrchen mit verschlossener Seite nach unten hingestellt. Shaffy zaubert aus dem Boot einen Gitterrost, da legt er die Hühnerschenkel und Flügel drauf. Und eine Gemüseart, die wie eine schlanke Aubergine ausschaut. Das alles geht auf das zweite Feuer. Im ersten Feuer stehen die Bambus Röhrchen aufrecht. An der Oberseite wird Wasser ins Rohr hinein gegossen, das Essen wird sozusagen gekocht. Wir haben es in China (Siehe Steinhaufen - ISBN 978-3-7431-0241-5) gesehen, diese Bambus Röhrchen, doch nie erfahren, wie es gemacht wird oder was drinnen gekocht wird. Kurze zehn Minuten später ist alles fertig gekocht und werden die Speisen auf Tellern serviert. Wie ein Buffet steht alles am Bachbett entlang. Der Reis war etwas zu lange im Blatt und ist steinhart geworden und hat die Form vom Bambus Rohr. Trotzdem genießbar. Der Kürbis ist gerade richtig und schmeckt fantastisch. Auch das Huhn, zwar gekocht, schmeckt prima. Am besten sind noch die Schenkel. Eine grandiose Mahlzeit in einem herrlichen Ambiente. Das hätte ich nicht verpassen wollen. Nach dem köstlichen Essen wird alles wieder eingepackt, das Geschirr im Fluss gewaschen, das Feuer gelöscht und kurze Zeit später stehen wir wieder am Anlegeplatz. Die Männer laden alles aus, ich versuche im Chaos-Gepäck die Medizinbox zu finden. Die hohen 38 °C haben sich in niedrige 39°C verändert, Tendenz steigend. Da muss etwas zum Schlucken her, weil ich befürchte, dass es doch etwas Schlimmeres ist…

Wir fahren nach Damai Beach, 30 Kilometer nördlich von Kuching. Eigentlich ist die Tour für nur zwei Tagen viel zu heftig. Es sind an beiden Tagen doch fünf Stunden Autofahrt. Eigentlich ein Wahnsinn. Als ich die Sache mit Shaffy bespreche, sagt er, dass er statt in dieses Dorf lieber nach Mongkos fährt. Vom Markt in Serian geht es direkt zur Grenze mit Kalimantan und knappe 40 Kilometer weiter befindet sich ein ähnliches Dorf. Auch ein Volk, wie die Iban, jedoch weniger besucht, weil sie keine traditionellen Iban sind. Die Gäste bekommen im Nebenhaus ein eigenes Zimmer und übernachten nicht direkt im Langhaus, sonst ist das Programm ziemlich ähnlich. Und jetzt mit einem kranken Kind an Bord, hätte ich diese Tour eigentlich lieber gebucht gehabt. Ich werde noch etwas recherchieren und eher die von Shaffy vorgeschlagene Tour ins Programm auf-nehmen. Shaffy hat inzwischen wieder Handy Empfang und das Hotel, in dem wir ab morgen übernachten, kann uns das Zimmer auch heute schon geben. Perfekt!

Es ist bereits 19 Uhr, als wir beim Damai Beach Resort ankommen. Romy ist völlig fertig, aber besser hier krank, als bei den Iban. Morgen haben wir einen Ruhetag, mal schauen wie es Romy dann geht. Ich lasse noch etwas zu essen ins Zimmer liefern, schnell duschen und schlafen!

Nach der Buchung dieses Hotels habe ich mehrmals ein Update bekommen, über die Renovierung, die im Gange ist. Wo genau renoviert wird, weiß ich nicht und habe ich so auf die Schnelle auch nicht gesehen. Nur unser Zimmer war noch nicht dran, soviel ist sicher. Es ist alt, hat einen muffigen Geruch, mit Airco eingeschaltet zum Erfrieren kalt, ohne Airco zum Ersticken heiß, das Badezimmer schimmelig, die Aussicht über Damai Beach traumhaft schön! Das Hotel ist gegen einen Berg gebaut, die Zimmer befinden sich ganz oben, das Hauptgebäude, welches im Vergleich zu unserem Zimmer sicherlich schon zehn Mal renoviert und modernisiert worden ist, ganz unten und direkt am Strand. Dazwischen pendelt ein Shuttle Bus und es funktioniert prima. Romy hat eine Geisternacht hinter sich mit sehr hohem Fieber, ich schätze 40 °C Plus, und ich bekomme das Fieber inzwischen mit Medikamenten und Umschlägen nicht mehr gesenkt. Nach dem Frühstück informiere ich mich bei der Rezeption, wie es mit einem Arzt ausschaut. „You can go to the Normah Medical Specialist Center in Kuching", empfehlt mir die freundliche Dame. Sie organisiert gleich den Hotel Shuttlebus für uns. Der Fahrer muss sowieso zum Flughafen fahren um neue Gäste abzuholen und kommt beim Krankenhaus vorbei. So sitzen wir wieder mal in einem Auto auf dem Weg zum Krankenhaus, wie auch in Costa Rica und Thailand. Die Fahrt ist die Hölle für Romy. Obwohl die Straße nicht wirklich kurvenreich ist. Ihr ist so schwindlig, wir müssen immer wieder anhalten. Das Frühstück hat sie an mehreren Flecken am Straßenrand zurückgelassen.

Ganz freundlich werden wir im Krankenhaus empfangen. Natürlich zuerst den Papierkram erledigen und noch bevor ich alle Unterschriften machen hab können, wird Romy schon von einer Krankenschwester übernommen und kontrolliert auf Fieber (40,1 °C, sag ich doch), Puls, Blutdruck, etc. Wie schnell kann es gehen. Der diensthabende Arzt meldet sich. Ein fescher, junger, schlanker Arzt, ganz ruhig, spricht gut englisch, ein feiner Mensch, wenn du krank bist oder als besorgte Mutter neben dem kranken Kind sitzt. Er informiert sich nach dem Krankheitsverlauf und meint, dass er Romy stationär aufnehmen möchte. Erst muss das Fieber runter, dass gefällt ihm gar nicht. Eine Schwester bringt

Romy ins Nebenzimmer, legt sie ins Krankenbett und bringt Wickel, um das Fieber zu senken. Zusätzlich bekommt sie eine Spritze gegen die Kopfschmerzen. Dann der Schock… der Arzt glaubt, dass Romy möglicherweise das Dengue Fieber hat. Während Romy im Krankenbett liegt, ich die Wickel immer wieder erneut kalt mache, schießen mir hunderttausend Gedanken durch den Kopf und versuche dabei Romy nicht zu beunruhigen. Weil, was mache ich mit Romy? Was mache ich mit der Reise? Eigentlich geht es morgen nach Mulu. Soll ich hier bleiben? Weiter fliegen nach Kota Kinabalu? Und dann? Was ist Dengue eigentlich genau? Wie gefährlich ist es tatsächlich? Einige Frage kann ich Gott sei Dank immer wieder dem Arzt stellen, weil er alle fünf Minuten bei seiner Patientin vorbei schaut.

Er erklärt, dass Dengue eine Viruserkrankung ist, wobei das hämorrhagische Dengue-Fieber oder Dengue Schocksyndrom die schwersten Formen sind. Obwohl Dengue eine ernste, grippeähnliche Erkrankung ist, endet sie nur sehr selten tödlich. Die Übertragung erfolgt nicht direkt von Mensch zu Mensch, sondern nur über infizierte weibliche Stechmücken. Sobald sich diese tagesaktiven Stechmücken einmal bei einer Blutmahlzeit infiziert haben, können sie dieses Virus lebenslänglich an andere weitergeben, sogar auch an ihre nächsten Generationen. Hohe Ansteckungsgefahr besteht vor allem während oder kurz nach einer Regenperiode, da die Stechmücken zur Fortpflanzung Wasseransammlungen brauchen. Die typischen Krankheitszeichen des klassischen Dengue-

Fiebers bestehen aus: plötzlich auftretendes, hohes Fieber, flüchtige Hautrötung, Gliederschmerzen und Muskelschmerzen, Übelkeit und Erbrechen, Druckschmerz hinter dem Auge und starke Kopfschmerzen. Und Romy hat so ungefähr alle Symptome! „Das Virus", erklärt er weiter, „zirkuliert ungefähr zwei bis sieben Tage im Blut der infizierten Person, ungefähr eben so lang hält auch das Fieber an." Die Diagnose kann an Hand der Beschwerden gestellt werden und später durch Blutuntersuchung bestätigt werden. Es gibt keine spezielle heilende Therapie für Dengue Fieber, daher verläuft die Behandlung den Beschwerden angepasst: Bettruhe, viel Flüssigkeit und fiebersenkende Medikamente. **Wichtig:** Verwende keine Medikamente mit Acetylsalicylsäure, da dieses Medikament die Blutungsneigung erhöht!

Zwei Stunden voller Unsicherheit folgen und dann endlich das Ergebnis. Dengue-Fieber negativ! Pfff... aufatmen. Sie hat „nur" eine schwere Halsentzündung. Mit fiebersenkenden Medikamenten und einer Antibiotika Kur wird Romy aus dem Krankenhaus entlassen.

Den Nachmittag verbringen wir am Pool. Nicht im Bett, wo Romy eigentlich hingehört, sondern beim Schwimmbad, weil es nur hier Wifi gibt. Ich bin damit beschäftigt die Reise umzuändern. Die Höhlen von Mulu werde ich auslassen und hier im Damai Beach Resort möchte ich auch nicht bleiben. Nochmals, der Service und das Personal, sie sind echt hilfsbereit, sehr freundlich, absolut 1-A. Aber das Zimmer eine Katastrophe! Ich habe in Kota

Kinabalu, der Station nach Mulu, ein Luxus Hotel gebucht und da möchte ich hin. Ich war im Herbst 2013 bei der Malaysia Roadshow in Salzburg. Die Roadshow wird vom malaiischen Tourismusverband für Reisebüros und Reiseveranstalter organisiert und aufgemotzt mit Anbietern des malaiischen Markts. Natürlich war Malaysia Airlines vertreten und dazu viele Hotels. An dem Abend habe ich lange mit dem Tourismusverband gesprochen. Die Berichte über Malaria und auch über das Kidnapping-Problem in Sabah haben mich lange über einen Aufenthalt auf Borneo zweifeln lassen. Natürlich möchten sie ihr Land promoten. Allerdings merke ich während des Gespräches, dass beide Themen echt zu vernachlässigen sind. Malaria kommt eigentlich nur ganz vereinzelt während der Regenzeit vor, sprich im Winter. Und das Kidnapping ist genau drei Mal (Stand Juli 2014) passiert und wurde ziemlich aufgeblasen. Es betrifft die Region zwischen Lahad Datu und Semporna. Bilit, Sandakan und Turtle Island sind davon weit entfernt. Außerdem wird die Küste jetzt strengstens überwacht.

An dem Abend habe ich Renate, die Sales-Dame vom Sutera Harbour Hotel aus Kota Kinabalu kennengelernt. Renate hat mir ein Angebot gemacht. Wenn ich in KéKé bin, wie die Stadt liebevoll genannt wird, soll ich unbedingt ins Sutera Harbour Magellan kommen. Jetzt bin ich froh darüber, dieses Hotel gebucht zu haben. Das Hotel ist ein Ort, in dem Romy herrlich relaxen und ihre Entzündung ausheilen kann. Ich bin den gesamten Nachmittag damit beschäftigt, die Flüge nach Mulu zu stornieren und für morgen einen neuen Flug direkt nach

Kota Kinabalu zu buchen, extra Übernachtungen in dem Sutera Harbour Magellan Hotel dazu zu buchen und Transfers zu organisieren. Ohne Siti, die Mitarbeiterin meiner Agentur, hätte ich das alles nicht so leicht geschafft! Schau, das ist einer der Vorteile, die du hast, wenn du deine Reise über einen Reiseveranstalter buchst. Da macht in solchen Fällen die Agentur die Arbeit. Wenn du über booking.com oder ein anderes Portal buchst, musst du die ganze Arbeit selbst erledigen. Also hiermit nochmals vielen Dank an Siti. Thank you Angel!

Abgeschossen

Felice ruft an. Auch sie arbeitet für meine Agentur, ist in Kota Kinabalu stationiert und hat gehört, dass ich bereits morgen nach KK komme. Sie hat für Romy ein besonderes Geschenk, welches sie mir kurz schildert. Ob das so in Ordnung geht, weil wir für den Tag eigentlich etwas anderes geplant haben. Ob sie es ändern darf... Ich verrate es noch nicht, ich weiß aber, dass es für Romy ein tolles Erlebnis wird. Ich hoffe, dass sie bis dahin wieder gesund ist.

„Hé Schwesterlein", appt mein Bruder am nächsten Tag, „hast du die Nachrichten gehört? Ein Malaysia Airlines Flugzeug wurde abgeschossen." Ich sitze am Flughafen von Kuching und warte auf den Malaysia Airlines Flug nach Kota Kinabalu und denke noch: „na so ein schlechter Scherz!" Es ist mir noch gar nicht aufgefallen, weil ich zu sehr mit Romy beschäftigt war, aber in der Abflughalle sind alle Fernseher eingeschaltet, viele Passagiere stehen davor. Der schlechte Scherz wird schnell knallharte Wirklichkeit. Unfassbar!! Unsere Welt ist so krank! Die freundlichste Airline der Welt verliert innerhalb von vier Monaten auf mysteriöse Weise zwei Flugzeuge. Was ist mit manchen Leuten los?

Direkt vor unserem Damai Beach Resort ist ein riesiges Transparent gehängt. #prayforMH370. Unterschrieben von Gästen, Personal und anderen Betroffenen. Die

Menschen sind mit dem Verlust von diesem Flugzeug noch gar nicht fertig. Jetzt kommt ein zweites dazu. Und wie! Es muss Malaysia Airlines und auch die gesamte malaiische Bevölkerung hart treffen. Vor allem durch die Weise wie sie das zweite Flugzeug verlieren. Vor einer Stunde war die Möglichkeit, dass du während einem Flug zu deinem Urlaubsziel einfach abgeschossen werden kannst, undenkbar…

Lange kann ich über dieses Ereignis nicht nachdenken. Ich muss mich wieder um Romy kümmern. Es geht ihr nicht gut. Sie hat hohes Fieber und Mühe die Medizin zu schlucken. Wie soll es mit einer Halsentzündung auch leicht gehen? Reinstopfen geht auch nicht. Und sie hat keine Lust auf Essen. Damit gelangt sie in einen vitiösen Zirkel. Wenn etwas rein kommt, kommt es eine Stunde später wieder raus. Und so, mit einem zusätzlichen extrem komischen Gefühl im Unterbauch, kämpfen wir uns nach Kota Kinabalu.

Vom Flughafen aus stehen wir zehn Minuten später beim Sutera Harbour Resort vor der Türe. Hier werden wir bereits erwartet und ist das Personal schon informiert worden, dass ich mit einem todkranken Kind ankomme. Der Duty Manager San meldet sich gleich. „If you need something, please let me know", sagt er fast zwingend. Romy möchte nichts wie schlafen!

Sutera Harbour Magellan Resort

Um halb 2 nachts wacht Romy auf. „Ich habe Hunger", sagt sie. Na super! Im Halbschlaf stehe ich auf und hole so ungefähr alles Essbare aus der Kühltasche. Ich habe auf Reise immer eine Kühltasche mit. Eine kleine 25 x 15 x 5 Zentimeter mit Aluminium gepolsterte Kühltasche. Da hinein geht eine Thermosflasche, in die genau zwei Tassen warmes Wasser passen. Genug um unterwegs eine Tasse Kaffee und eine Tasse Kakao zuzubereiten. Natürlich sind zwei Tassen, zwei Löffel und ein kleines Küchenmesser standardmäßig drinnen. Das Küchenmesser ist immer praktisch um Äpfel oder Melone zu schälen und zu schneiden. Und um die Basisausrüstung der Tasche zu vollständigen, habe ich um 1 € irgendwo mal einen Schlusselanhänger mit einer Pfeffer- und Salzmühle daran gekauft. Die ist auch drinnen, falls der Geschmack von Käse oder das Ei etwas aufgemotzt gehört. Gefüllt wird die Tasche mit Sachets mit löslichem Kaffee für mich. Ich bevorzuge die Cappuccino Säckchen, die sind fast überall auf der Welt erhältlich. Hier in Malaysia finde ich jedoch fast nur Nescafé, 3 in 1. Also Kaffee, Milch und Zucker und Pick-süß, aber immer noch besser als gar keinen Kaffee. In China hat es die Sachets nicht gegeben. Da habe ich nur eine Dose mit Pulver kaufen können. Davon rate ich, nachdem der gesamte Inhalt der Dose sich mal in meiner Kühltasche verirrt hat, stark ab.

Romy liebt die Trinkbouillon Suppen, welche ich immer kurz vor einer Reise bestelle und aus Holland liefern lasse. Tomatensuppe, Hühnersuppe und Gemüsesuppe. Mindestens 25 Sachets gehen mit. Für jeden Tag eine. Vorteil dieser Suppe ist, dass in den warmen Ländern gleich der Salzbedarf aufgefüllt wird. Der restliche Platz wird mit Äpfeln, Nüssen, Rosinen und Keksen gefüllt, je nachdem was gerade im Supermarkt verkauft wird. Und die Kühltasche hat noch eine wichtige Funktion. Auf dem Weg zurück nach Hause bietet sie, durch die Polsterung, einen guten Schutz für leicht zerbrechliche Souvenirs!!

„Ich mache Ramadan", scherzt Romy schon wieder! „Ich esse am Tag nichts, dafür in der Nacht!" und verschlingt alles Mögliche inklusive einer fiebersenkenden Tablette, weil sie sich immer noch sehr warm anfühlt. Die 40 °C Marke haben wir Gott sei Dank hinter uns.

1968 wurde Sabah ein Bundesstaat Malaysias und zu Ehren des Mount Kinabalus, der als Symbol für die Einheit des Landes gilt, wurde die Stadt Kota (= Stadt) Kinabalu genannt. Im Allgemeinen spricht man immer von KK (sprich Kéké). Heute leben zirka 600.000 Menschen in der Stadt, Zahl steigend. Was wir von der Stadt zu sehen bekommen, hängt von Romys Verfassung ab.

Der zweithöchste Berg Borneos, der Gunung Mulu (2 371 M) liegt im Gunung Mulu Nationalpark, bekannt wegen dem Höhlensystem und haben wir also verpasst. Nur 150 KM vom beeindruckenden Höhlensystem sind erforscht worden, das Ende noch nicht in Sicht. Geplant war eine drei km Wanderung zur Deer und Lang Cave. Diese Höhlen gehören zu den längsten Höhlen der Welt. Die Deer Cave ist wie eine kleine Welt an sich, mit Bergen und Tälern, Wald und Wiese, eine Art „Garden of Eden", komplett mit Lush Trees und einem Wasserfall. Die Lang Cave schaut kleiner aus, ist aber genau so fantastisch. Am Tag beeindrucken die Stalagmiten und Stalagtiten. Am späteren Abend das Ausfliegen von Millionen Fledermäusen. Am nächsten Tag hätten wir eine Bootsfahrt zur Clearwater Cave gemacht. Durch das natürliche Filtersystem in den Höhlen und ständige Anliefern von Frischwasser ist das Wasser im Fluss kristallklar mit großem Fischbestand. Wir hätten die Schwimmsachen mitnehmen müssen und vor dem Picknick Lunch am Flussrand ins kühle Wasser springen können. Hätten wir.

Am nächsten Tag weht in Kota Kinabalu eine kräftige Brise, es regnet und es ist gar nicht so warm. Ich lese in der Zeitung, dass ein Taifun auf dem Weg nach Taiwan ist und dies die Ausläufer davon sind. Romy hat die Nacht super geschlafen und bevorzugt das Zimmer und ihr Bett. Ausgestattet mit Zeitschriften wie Girls, Mädchen und Hey vertreibt sie sich die Zeit. Ich habe Zeit das Tagebuch weiter zu schreiben, Fotos auszusuchen, Mails zu beantworten, Fotos auf Facebook zu platzieren und die Daheimgebliebenen über unsere Reise zu informieren. Das Wifi ist perfekt! Zwischendurch renne ich fast wie eine gelernte Krankenschwester mit nassen Handtüchern, klein geschnittenen Äpfeln,

Wasser, Taschentüchern und Medikamenten zwischen Büro und Bett hin und her. Und ich mache es gerne. Hauptsache Kind wieder gesund!

Das Hotelgelände ist weitläufig, das Gebäude beige mit roten Dachziegeln und hölzernen Geländern beim Balkon, 3-stöckig, fast alle Zimmer haben Meerblick, ein großes Schwimmbad, natürlich mit Handtuch-Service und Lifeguards. Am Beckenrand genügend gratis Liegen mit farbenfrohen grünen Sonnenschirmen. Am Pool viele asiatische Familien, die hier Urlaub machen. Für uns hört Borneo sich ziemlich exotisch, fast unentdeckt an. Wir vergessen dabei oft, dass viele Asiaten und Australier hier Urlaub machen, so wie wir nach Zypern oder Sardinien fliegen. Mit dem Unterschied, dass die Europäer schwimmen können und die Asiaten nicht. Jeder Erwachsene plantscht im Pool mit Schwimmflügeln. Einige Magnolien Bäume und Palmen schützen vor der Sonne. Romy und ich müssen bei den Palmen immer wieder an den Vorfall auf Koh Phangan, Thailand (Siehe Tempelhüpfen - ISBN 978 3 8448 0164 4) denken. Unsere Freundin Edda ist damals ganz gemütlich unter der Palme am Strand gelegen als eine giftgrüne Schlange sich einfach aus dem Baum fallen lassen hat. Als ob sie im Schlaf beim „Umdrehen" einfach aus ihrem Bett gefallen ist und abgestürzt. Nicht mal drei Meter von Edda entfernt, prallte die Schlange auf den Sandboden, schüttelte etwas verdutzt ihren Kopf und kletterte wieder den Baum hoch. Seit dem Vorfall schauen wir immer etwas genauer und legen uns nicht mehr direkt unter eine Palme!

Die Überraschung

Nach drei Tagen mehr oder weniger im Hotelzimmer verbracht zu haben, ist Romy heute wieder fieberfrei. Gott sei Dank, weil heute auch die Überraschung von Felice auf dem Programm steht. Wir treffen Felice und Noredah bei der Rezeption vom Hotel. Noredah ist die Geschäftsführerin vom Sabah Tourism Board und ich habe sie, wie Maurice vom Sarawak Tourism Board, auf der ITB Messe in Berlin kennengelernt. Damals habe ich ihnen über Romys Vorliebe für Meeresschildkröten erzählt. Obwohl Noredah während einer Messe hunderte Menschen trifft, hat sie sich dies gemerkt. Heute wird auf der vorgelagerten Insel Gaya Island eine Leatherback-Schildkröte freigelassen und sie hat uns eingeladen, dabei zu sein. Wie toll!

Direkt vor der Küste liegen drei kleinere Inseln, wovon Gaya Island die bekannteste ist. Wir steigen ins hoteleigene Shuttle Speedboot und fahren damit zum Gaya Island. Auf der kleinen Insel gibt es drei Resorts. Eines ist das Gaya Island Resort. Hier befindet sich auch der Marine Park, in den die verletzte Schildkröte vor zwei Monaten hingebracht wurde. Sie hätte sich in einem Netz der Fischer verstrickt und war glücklicherweise rechtzeitig gefunden worden. Schildkröten müssen nämlich auftauchen um zu atmen. Oft ersticken sie, wenn sie sich in einem Netz verstricken. Der Fischer hat vom Marine Park gewusst und die Schildkröte dort hingebracht. Das hat dem Fischer viel Publizität gebracht, so hofft das Zentrum, dass die Fischer öfters verletzte Tiere hinbringen.

Und mit der gleichen Medienaufmerksamkeit wird die Schildkröte heute freigelassen. Zirka 30 Gäste des Resorts haben sich am Strand versammelt und eben Romy. Sie war komplett überrascht und hat sich auf die Einladung sehr gefreut! Der Versorger vom Marina Park erklärt, dass es sich um eine Leatherback-Schildkröte handelt, ein Mädchen von ungefähr zehn Jahren und bereit für die Freilassung. Sobald sie den feinen tropischen Sand unter ihren Flossen fühlt, dauert es auch nicht lange und sie kann das kristallklare Wasser wieder „einatmen." Wir wünschen ihr alles Gute und weg ist sie. Nicht mal vier Minuten hat die ganze Show gedauert. Wie schön dass wir dabei sein durften! Danke Felice.

Noredah kennt den Manager des Resorts: Mr. Kirinjit Singh und macht mich mit ihm bekannt. Als er über TRAVELKID hört, ist er begeistert und lädt uns gleich zum Mittagessen ein. Die muss ich fangen, wird er sich gedacht haben. Allerdings bekommen wir nichts zu essen, bevor wir nicht erst sein Resort gesehen haben. Prima. Romy möchte sowieso die Marine Basis sehen. Mit dem Resortboot bringt er uns in 3 Minuten zum kleinen privaten Strand. Ein kleiner Sandstrand mit Platz für maximal 30 Personen, ein kleines Restaurant und eben die Marine Basis. Hier befindet sich das Auffangbecken, in dem „Coming", so wie die Schildkröte genannt wurde, zwei Monate gepflegt wurde. Nebenan ist ein kleines Seeaquarium und Romy hat die kleinen Becken hinten im Raum schon entdeckt. Kleine Aquarien und in jedem gläsernen Becken eine Babyschildkröte. Kirinjit erzählt, dass diese Schildkröten in einem Monat ins Meer ausgesetzt werden. Zuerst müssen sie etwas stärker werden. Und ums Streicheln und auf den Arm nehmen kommen die Tiere auch nicht herum!

Zurück beim Resort zeigt uns Kirinjit noch das Spa, Schwimmbad und Restaurant. Der Besitzer des Resort, welcher auch das Pangor Laut Resort auf dem Festland besitzt, ist Japaner und viele japanische Einflüsse wie Sushi und Tempura finden wir auf der Menükarte wieder. Ich entscheide mich für ein Chicken Curry, in einer Terrine serviert. Felice und Noredah bestellen eine japanische Platte, in einer Box serviert, Romy bestellt eine Pizza Margaritha. Es geht ihr wieder gut! Alles schmeckt hervorragend, viel zu viel! Gesättigt verabschieden wir uns bei Kirinjit und fahren gemütlich zum Hotel zurück. Gaya Island ist sicherlich ein fantastisches Resort um mal drei Tage nichts zu tun und es sich gut gehen zu lassen. Zurück beim Hotel verabschieden wir uns von Felice und Noredah. Sie müssen wieder ins Büro.

Der Obst- und Gemüsemarkt in Serian.

Im Inneren des Langhauses.

Das Sutera Harbour Magellan Resort in Kota Kinabalu.

Die Fahrt mit der North Borneo Railway.

Abdul: „auf der Sabah Tea Plantage ist alles biologisch."

Niedliches Affentheater im Orang-Utan Reservat Sepilok.

Hari Raya Aidil Fitri Fest in Sandakan

„Turtle time."

Die Aufzuchtstation mit Eiern im Millionenwert.

Das Ergebnis von einigen Tagen Turtle Island.

Kunstwerk

Romy ist gerade wieder gesund und gleich steht einiges auf dem Programm. Aber das heutige Abendprogramm hat sie sich so gewünscht, dafür muss alles weichen. Wir fahren zum Mari Mari Cultural Center. Das Zentrum liegt außerhalb von Kota Kinabalu und ist einen Besuch wert. Viele Traditionen wie Reiskekse backen und Bambus Tanzen sind hier zu besichtigen. Außerdem gibt es einige Iban Häuser, die du dir anschauen kannst. Wir haben dieses Mal nur Interesse an der letzten Hütte. Es soll dort einen Künstler namens Mia Mieyzariey geben. Er macht Henna Paintings an Hand und Fuß. Ganz traditionell werden nur islamistische Bräute gepainted, damit sie an ihrer Hochzeit noch schöner ausschauen. Jetzt habe ich entweder vor demnächst zu heiraten oder mich zum Islam zu wenden, aber unter dem Motto „Touristen" ist vieles möglich und erlaubt.

Beim Eingang des Mari Mari Zentrum benötige ich doch etwas an Überzeugungskraft, dass wir die anderen Hütten und Vorführungen nicht sehen möchten und gleich zur letzten Hütte wollen. Aber der Chef stimmt zu. Natürlich habe ich etwas gepocht mit Fotoshooting, Reiseveranstalter und so, aber mit dem Resultat, dass die namenslose Begleiterin uns direkt zu Mia hinbringt. Er stellt sich zuerst als Henry vor. Viele Asiaten haben einen für uns schwierigen Namen und nennen sich anders. Aber als ich nach seinem richtigen Name frage, sagt er

Mia. Ein junger Kerl von 18 Jahren und mit einem unglaublichen künstlerischen Talent. Romy ist noch etwas unsicher. Sie hat schreckliche Geschichten über Henna-Allergien gelesen. Ich denke, dass das Zeug hier in Malaysia halb so wild ist. Es hält auch nur fünf Tage und nicht drei Monate wie in Indien. Mia möchte das malaiische Merkmal, die Hibiskus-Blume auf meine beiden Arme malen. Obwohl ich einige Beispiele aus dem Internet mitgenommen habe, zeige ich sie jetzt nicht. Er wird schon etwas Schönes daraus machen!

Äußerst konzentriert und mit größter Präzision geht er an der Arbeit. „Es ist kein pures Henna, womit er malt", sagt die Begleiterin, wie ich schon vermutet habe. Dieses Henna ist mit Farbe vermischt und befindet sich in einer Art Spritzsack, kugelschreibergroß und es hat vorne ein kleines Loch. Da kommt das Henna raus und damit malt Mia auf meinem Arm. Er benötigt ungefähr 15 Minuten pro Arm. Danach heißt es dann nicht mehr bewegen und warten bis das Henna trocken ist. Im Langhaus ist es aber so warm, dass die Haut leicht feucht vom Schweiß ist und die Farbe dadurch nicht schnell trocknet.

Dann ist Romy dran. Sie will Henna auf einem Arm und einem Fuß. Inzwischen erzähle ich Mia, dass Romy auch sehr kreativ ist. Sie zeigt Mia Fotos auf ihrem Handy mit einem Portrait von Louis Tomlinson von One Direction. Sie geht in Zell am See zur Schule, mit dem Zweig Bildnerisch, wobei sie pro Woche drei Stunden extra Unterricht in Zeichnen bekommt und ihr kreatives Talent gefördert wird. Irgendwie haben die zwei Künstler jetzt ein Match und Mia strengt sich noch mehr an. Am Unterschenkel entsteht ein wirkliches Kunstwerk, dafür hat er etwas länger gebraucht. Draußen fängt die Vorführung mit dem Bambus Tanz schon an und auch Mia muss bei der Vorführung mittanzen. Wir wechseln noch schnell die Facebook-Adressen aus und er bekommt noch etwas Trinkgeld. Trinkgeld ist sicherlich nicht üblich in Malaysia, trotzdem steckt er es schnell ein. Und er gibt Romy ein geschlossenes Spritz-Säckchen, damit sie zu Hause mit dem Henna malen kann.

Beim Bambus Tanz sitzen zwei Personen jeweils am Ende von zwei langen Bambusästen. Sie bewegen die Stämme um rhythmisch ein Mal zusammen zu klatschen und ein Mal am Boden zu klatschen. Zusammen, am Boden, zusammen, am Boden, … Und dann tanzen die Bewohner vom Mari Mari zwischen den klatschenden Ästen. Mal langsam, aber auch mal so schnell, Wahnsinn!!! Die Kunst ist natürlich, nicht mit einem Fuß zwischen die beiden Äste zu kommen, sobald sie zusammengeklatscht werden. Das wird weh tun! Und Mia… der Typ kann nicht nur gut malen, er stiehlt auch die Show beim Bambus Tanz!

Dampfzug

Tsjii, Tsjiiiiii. Der alte Zug lässt seinen Dampf ab und macht das typische Pfeif-Geräusch. Es ist das Zeichen, dass der Zug fertig ist und bald abfährt. Die North Borneo Railway ist ein alter Dampfzug, aus der Kolonialzeit übrig geblieben und vom Sutera Harbour Hotel quasi adoptiert. Jeder Waggon hat kleine hölzerne Tische, gemütlich für zwei Personen und jeder Tisch ist bereits wunderschön gedeckt. Ein Teller, Kaffeetasse, Besteck und die kleine Menükarte erzählt mir, was ich alles zum Frühstück bekomme. Croissant, Marmelade, Kaffee oder Tee. Inzwischen sind alle Passagiere eingestiegen und verlassen wir den Bahnhof von Kota Kinabalu. In Zell am See gibt es auch noch einen alten Dampfzug. Zwei Mal die Woche fährt dieser Zug bis zu den Krimmler Wasserfällen. Der Zug ist immer vom Hauptbahnhof in Zell am See losgefahren, aber die Anrainer haben ziemlich protestiert und sich über den entstandenen Dampf bei der Abfahrt beschwert. Jetzt fährt dieser Zug außerhalb von Zell am See ab. Die Anrainer aus Kota Kinabalu haben keine Probleme mit dem Dampf. Sie haben eine Freude, dass der Zug immer noch fährt. Jeder, der entlang der Route steht, schreit, winkt, jubelt als ob er zum ersten Mal in seinem Leben einen Dampfzug sieht. Allerdings fährt der Zug zwei Mal pro Woche (Sonntag und Mittwoch) die alte Strecke bis Paper.

Beim Einchecken haben wir einen Reisepass bekommen, in dem die Geschichte des Zuges, die Bahnstrecke und der Zeitplan beschrieben sind. Ich finde im Pass auch die Beschreibungen der verschiedenen Stationen, an denen wir vorbei fahren. Und damit diese Stationen bzw. Sehenswürdigkeiten nicht ganz unbemerkt an uns vorbei gehen, wird die Station via Interkom angesagt und kommt eine freundliche Zugbegleiterin den Reisepass abstempeln. Es gibt pro Abteil eine Begleitperson, die uns bedient und auch für das Abstempeln zuständig ist. Alle sind so lieb, so freundlich! Es ist ein Genuss gemütlich mit diesem Zug unterwegs zu sein!

Das Frühstück wird abserviert und wir machen uns bereit für den ersten Stopp: den Tien Shi Tempel in Kinarut. Wir steigen vom Bahnhof hinunter und völlig unerwartet kreuzt eine Kobra Schlange unseren Weg. Gott sei Dank hat die Schlange mehr Angst von uns als wir vor ihr. Schnell „rennt" sie davon! Auch fallen die ersten Regentropfen vom Himmel und eilen wir zum Tempel. Gerade rechtzeitig kommen wir noch trocken beim Tempel an, dann bricht der Himmel zusammen. Ich kaufe wieder Weihrauch, inzwischen schon ein Brauch, wenn wir einen Tempel besuchen. Ich zünde die Stäbchen beim Hauptfeuer an und dieses Mal wünsche ich mir etwas Schönes für die Zukunft. Das Einzelunternehmen TRAVELKID ist so wahnsinnig gewachsen, es wird Zeit ihm einige Buchstaben zu schenken und in eine GmbH & Co KG um zu gründen. Ich wünsche ihr gutes Gelingen!

Inzwischen rennt das Zugpersonal auf und ab um die Zuggäste im Tempel mit Regenschirmen zu versehen, damit sie einerseits trocken zum Zug zurück kommen. Anderseits, dass der straffen Zeitplan eingehalten werden kann. Meiner Meinung nach hätte der Aufenthalt beim Tempel auch zehn Minuten länger sein dürfen.

Die Fahrt geht weiter, neue Stempel werden ausgeteilt, wieder winkende, schreiende und jubelnde Menschen entlang der Strecke. Wir gleiten gemütlich an Meer und Regenwald, an Dörfern, Märkten und Friedhöfen vorbei. Es ist wieder trocken und wir werden freundlich mit Getränken versorgt. Die nächste Station ist Paper, 38 KM vom Hauptbahnhof entfernt. Gleichzeitig auch Endstation. Hier wird die Lokomotive gedreht. Ab jetzt geht die Fahrt in die andere Richtung weiter. Während diese Arbeit verrichtet wird, hat das Personal Zeit, die Waggons für das Mittagessen schick zu machen. Wir können uns inzwischen das kleine Dorf anschauen. Versprochen wird uns ein Markt, gefunden habe ich nur ein paar vereinzelte Buden. Schneller als notwendig wandern wir zum Zug zurück und schauen noch eine Weile beim Drehen der Loks zu. Romy springt ungeduldig in den Zug hinein und kommt nach einer Minute wieder retour. Sie kennt sich nicht aus. „Unsere Sitzplätze sind weg", sagt sie. Tatsächlich sitzen wir jetzt nicht mehr links, sondern rechts. Das Personal hat alle Sitzplätze umgewechselt, damit du auf dem Rückweg einen anderen Blick hast. An alles ist gedacht!

Nach einem 1-stündigen Aufenthalt ist die Lok gedreht, hat das Personal die Waggons picobello in Ordnung gebracht, sind die Passagiere wieder an Bord und kann die Rückreise beginnen. Während wir den Bahnhof verlassen, wird das Mittagessen serviert. Eine Terrine, bestehend aus vier einzelnen Schüsseln, auf einander gestaffelt und mit einem Klicksystem festgemacht, damit die Terrinen einfach getragen werden können. In der obersten Schüssel die Vorspeise: Satey mit einem kleinen Salat aus Gurken und Zwiebeln. Darunter das Gemüse, dann Reis mit Huhn und ganz unten das Dessert: Obst. Obwohl das Essen nicht mehr so ganz heiß ist, schmeckt es hervorragend. Nur Romy kann sich mit dem Essen nicht so anfreunden. Der Reis schaut orange aus, das Huhn ist in einer anderen Form geschnitten als ein normales Hühnerfilet. Typisch Kinder. Dabei wissen sie oft nicht, wie viel Gutes sie sich selbst wegnehmen! Ganz happy ist sie wahrlich, als sie ein zweites extra Dessert bekommt: ein Eis!

Pünktlich fährt der Zug um 13.40 Uhr wieder am Bahnhof von Kota Kinabalu ein. Wir verabschieden uns beim Personal und bedanken uns für die absolut nette Begleitung und den freundlichen Service! Mit dem Shuttlebus werden wir zum Magellan Resort zurück gebracht und sind ganz weg von dem netten Vormittag.

Romy geht es wieder gut und sie fühlt sich wieder fit. Morgen können wir, nach sechs Tagen Pause, die Reise weiter führen. Zeit das Gepäck zusammen zu suchen und einzupacken. Normalerweise packe ich nie aus, aber nach sechs Tagen Hotel ist immer mehr aus dem Koffer gekommen. Jetzt muss ich alles wieder zusammensuchen und einpacken. Und weil das W-Lan hier so perfekt ist, schaue ich meine E-Mails nochmals durch und lese die Zeitung via Internet. In Holland sind die ersten Opfer vom MH17 nach Holland zurück gekommen. Die meisten Opfer waren Holländer. Heute ist ein komischer Tag in Holland. Die meisten Holländer kennen niemand aus dem abgeschossenen Flugzeug. Trotzdem denkt jeder an diese Menschen und an die Hinterbliebenen. Die angekommenen Leichen werden jetzt zum DNA Institut gebracht, 100.000-de Holländer stehen als Ehrerbietung wortlos entlang der Strecke. Fassungslos. Es wundert mich, dass Herr Putin mit diesem Affentheater so einfach davon kommt! Und es schaut so aus, als ob wir, die Gesellschaft, das Spielchen mitspielen. Hier in Malaysia merke ich wenig von den Strapazen in Holland. Hier haben die Menschen sich noch nicht mal vom ersten Flugzeugabsturz erholt, überall hängen Transparente mit #praymh370. Damit ich noch irgendwie in Gedanken mit den Opfern bin, ändere ich das Profilbild auf Facebook und verordne 24 Stunden Funkstille.

Giftige Entdeckung

Basil meldet sich. „I`m your guide for the next four days." Männlich, verheiratet, zwei Kinder, sportlich, eher der Expeditionstyp. Und Marvin. Er ist der Chauffeur und fährt uns zuerst zum Kinabalu Nationalpark mit dem 4101 m hohen Gipfel Mount Kinabalu, gleichzeitig höchster Berg Malaysias. Der Nationalpark ist ungefähr 750 km² groß und weil das Headquarter auf 1558 m Höhe liegt, wird der Park auch wegen seiner angenehmen Temperatur sehr geschätzt. Aber so weit sind wir noch nicht.

Über eine kurvenreiche Straße fahren wir in 1 ½ Stunden langsam den Berg hinauf nach Kundasung. Ich wundere mich immer wieder über die geringe Vielseitigkeit der Geschäfte entlang der Straße. Es ist wirklich egal, wo du auf der Welt unterwegs bist, wenn es etwas mit Autos zu tun hat, findest du es immer und überall. Amir Buner Snd Bhd, Sri Budiman, Triple Enterprice, MS snow car wash, Jaya Baru Tyres, Young Li Motor Enterprice. Es sind nur einige Namen, die ich entlang der Strecke gesehen habe. Heute ist in Kundasung Markttag, von überall sind die Menschen gekommen um ihre Produkte zu verkaufen. Es ist „fruit season", die Durians und Ananas sind reif und auch Ingwerwurzeln, die männlichen Papaya Blumen, Rambutans und anderes Gemüse werden auf dem kleinen Markt verkauft. Basil erklärt uns die verschiedenen Kräutersorte. Auch er muss manchmal bei den Damen nachfragen, was es genau ist. Er kennt die Wirkung von den schön aufgetischten Pflanzen, Blättern und Wurzeln auch nicht immer. Wir finden heraus, dass Papaya präventiv gegen Malaria hilft, sowie Limonen und Tapiokablätter. Rote Bananen schmecken einfach gut, die getrockneten und gesalzenen Fische schauen nicht sehr schmackhaft aus und lasse ich liegen. Weil der Ort auf dem Weg Richtung Sandakan liegt, werden hier zusätzlich viele Souvenirs verkauft. Made in China oder Taiwan. Und auf einfach alle Souvenirs steht „Sabah." Ich nehme normalerweise doch einiges an Souvenirs mit. Ich möchte allerdings nicht, dass überall „Sabah" drauf steht. Deswegen ist mein Koffer noch ziemlich leer, was die Souvenirs anbelangt. Beim letzten Stand, ganz hinten versteckt, finde ich allerdings eine Warnglocke. Voller Spinngeweben, sehr staubig, aber handgemacht. Der obere Teil ist eine aus einer Kokosnuss geschnitzte Schildkröte. Darunter die halbierten und schön verzierten Bambusschoten. Zum „Warnen" ist ein Stein drinnen montiert. Ganz süß und für nicht mal € 4 darf ich das Tier mitnehmen.

Die meisten Besucher des Kinabalu Nationalparks haben vor den Gipfel zu besteigen. Wir sind nicht unbedingt die Gipfel-Jäger und lassen es bei einem Foto vom Gipfel, genommen von einer Aussichtsplattform. Die nächste Station ist Poring, Poring bedeutet Bambus. Dafür müssen wir zuerst nach Ranau weiterfahren und biegen dann wieder links in den Nationalpark ein. Poring ist bekannt für seine Schwefelquellen und es gibt die Möglichkeit in die Quellen einzutauchen. Basil schlägt vor zuerst zum kleinen Wasserfall, etwas im Regenwald gelegen, zu wandern. Eine 20-minütige Wanderung, ganz nett, leicht bergauf. Das Wetter ist heute echt superschön und ich genieße es mal zu Fuß unterwegs zu sein. Beim Wasserfall angekommen, hüpft Romy ins Wasser, bemerkt dann, dass das Wasser eiskalt ist. Basil setzt sich am Rand hin. Er hängt seine Füße ins Wasser und innerhalb von einer Minute knabbern die ersten Fische an seinen Füssen! Wo anders wird viel Geld dafür verlangt, die Schuppen von der Haut essen zu lassen, hier bekommst du eine gratis Fußpflege! Dass zwei Meter von Basil entfernt eine kleine Schlange sich schnell aus dem Staub macht, werde ich lieber nicht erzählen…

Rund um die Schwefelbäder befindet sich ein Canopy Walk und ein Schmetterlingsgarten. Da sind allerdings um diese Jahreszeit nicht viele Schmetterlinge mehr unterwegs. Bekannt ist dieses Gebiet ebenso wegen der Rafflesia, die größte Blume der Welt. Sie blüht zwischen Ende Juli und Anfang September, allerdings nur sechs Tage, benötigt 10 – 14 Monaten bis die Blume ihre Blüte entwickelt hat. Die Chance eine blühende Rafflesia zu sehen, ist für Touristen praktisch Null.

Die letzte Station heute ist der Sabah Tea Garden. In erster Linie eine Tee Plantage, inzwischen sind auf dem Gelände auch kleine Cottages gebaut worden und kannst du hier übernachten. Wir beziehen ein kleines Häuschen. Es ist ziemlich basic ausgestattet, aber sehr sauber. Das Restaurant liegt etwas weiter von den Häuschen entfernt. Für das Abendessen werden wir mit dem „Bas Persiaran" abgeholt und vor der Türe des Restaurants abgeliefert. Der Himmel färbt sich in der Dämmerung ganz orange, der Nebel steigt aus dem Tal auf und legt sich über den Gipfel des Mount Kinabalu. Der Anblick ist wunderschön. Vor dem Restaurant steht eine Hecke und jetzt in der Dämmerung ist es hier ein Kommen und Gehen. Stabheuschrecken! Ganz kleine Exemplare. Das sind die Männchen. Und ganz große. Das sind die Weibchen. Und weißt du auch, warum das so ist? Wenn die zwei Tiere sich fortgepflanzt haben, frisst das Weibchen das Männchen auf. Und damit sie sich nicht so anstrengen muss und auf ihre Linie schauen muss, ist das Männchen viel kleiner. Auch kleine haarigen Spinnen, giftgrüne Käfer und anderes Ungeziefer ist um diese Uhrzeit in der Hecke auf Nahrungssuche und eine wahre Attraktion bei den Besuchern.

Die Sabah Tea Plantation ist eine besondere. Hier werden gar keine Pestizide benützt, alles ist rein biologisch. Abdul kann es nicht oft genug sagen und ist sichtbar stolz darauf. Am nächsten Morgen führt er uns durch die kleine Fabrik und erklärt den gesamten Prozess. Als erstes werden die zwei obersten Blätter von jedem Ast gepflückt, dann getrocknet, geschnitten, sortiert und nach zwei Tagen verpackt. „How can you see the difference between real tea and colored tea?", fragt Abdul. Ich muss ganz ehrlich gestehen, ich habe keine Ahnung und auch noch nie so richtig darüber nachgedacht, dass da überhaupt Farbstoffe in einem Teebeutel drinnen sind. Vielleicht etwas naiv, aber ich bin mehr ein Kaffeetrinker. Abdul klärt die Sache für mich. Er füllt zwei Gläser mit kaltem Wasser, nimmt einen Löffel von seinem Tee und schüttet den Tee ins erste Glas. Langsam sinken die geschnittenen Blätter zu Boden. In das zweite Glas hängt er einen Beutel aus der Packung Boh Tea. Ja, die Teeplantage aus den Cameron Highlands. Gestern war ich bei der Zufahrt zu dieser Plantage überhaupt nicht begeistert. Die Pflanzen haben sehr stumpf ausgeschaut, nicht so saftig und so üppig wie die Teepflanzen in den Cameron Highlands. Die waren so groß, mit schönen grünen Blättern. Langsam verstehe ich warum. Hier auf der Plantage steht ziemlich viel Elefantengras. Dieses Gras wird gepflanzt, wenn ein Teestrauch von Schimmel befallen wird. Das Elefantengras saugt quasi den Schimmel auf. Und die giftigen Pompombäume tragen giftige Früchte. Ratten mögen den Geruch überhaupt nicht und bleiben so weit weg. Alles natürliche Pestizide. Zurück zu den zwei Gläsern. Im zweiten Glass treibt der Boh Tea ganz oben. Das einzige, was die Blätter freigeben, ist eine Farbe. Farbstoff. Ich bin sprachlos. Diesen Trick muss ich zu Hause echt mal ausprobieren. Ich schwöre, dass, im Falle mein Tee auch aus Farbstoff besteht, ich auf eine andere Tee-Sorte umsteige. Ich befürchte dass das natürlich der Fall ist und nehme gleich eine große Packung Sabah Cinnemon Tea mit.

Heute haben wir eine längere Fahrt vor uns. Es sind bis Bilit, kurz vor Suhau, sicherlich vier Stunden Autofahrt und weil übermorgen das Ende des Ramadan gefeiert wird, sind viele Malaysier heute mit dem Auto zu Familien und Freunden unterwegs. Wir verabschieden uns bei Adbul, werden noch schnell Freunde via Facebook und fahren los. Unterwegs wieder die übliche Aussicht. Viel grün, dazwischen kleine hölzerne Einfamilienhäuser mit Wellblechdach, streunende Hunde, winkende Kinder, die Wäsche im Wind flatternd, kleine Marktstände neben der Straße, kleine Geschäfte, wie bereits erzählt entweder Supermärkte oder es hat etwas mit Autos zu tun. Die Straße 2-spurig und ganz gut befahrbar. Manchmal ist die Straße etwas breiter oder kurvenreicher, aber Marvin fährt doch durchschnittlich 70 bis 80 KMH. Wir kommen gut voran und langsam nähern wir uns Bilit. Hier ändert sich dann schlagartig das Gelände. Die schöne grüne Landschaft macht Platz für ... Palmölplantagen!!

Palmöl boomt – und das weltweit. Mit 54 Millionen Tonnen (2011) ist es das am meisten produzierte Pflanzenöl. Die Industrie liebt diesen Rohstoff, weil er so unglaublich billig ist und zudem leicht zu verarbeiten. Doch für unsere billigen Konsumgüter, die Palmöl enthalten, stirbt der Regenwald. Für die riesigen Monokulturen der Ölpalmen wird Regenwald gerodet. Mit den Baumriesen sterben zusätzlich seltene und wunderschöne Tiere wie die Orang-Utans, Tiger und Nashörner. Sollte ihr Lebensraum weiter so beschnitten werden, könnten sie sogar bald aussterben. In den Regenwäldern ist besonders viel CO_2 gespeichert. Beim Roden wird dieses freigesetzt und trägt massiv zum globalen Treibhauseffekt bei. Obwohl ich meinen Müll trenne, versuche biologische Kost zu essen und Shampoo vom Body Shop nütze, bin ich nicht unbedingt der absolute

Naturfreak. Trotzdem realisiere ich hier, dass Malaysia zwar diese Palmölfelder baut, aber ich – oder wir Konsumenten – die palmölenthaltenden Produkte kaufen!

Palmöl ist als billiger Rohstoff bei der Industrie begehrt und in etwa der Hälfte aller Supermarktprodukte enthalten. In Lebensmitteln wie Kekse, Margarine, Schokoaufstrichen, Tiefkühlpizzen, Fertigsuppen, Speiseeis und Schokoriegeln, darüber hinaus in Kerzen, Wasch- und Reinigungsmitteln, in der Kosmetik, im Dieseltank und Heizkraftwerk. Die Liste ist ewig lange! Palmöl bedeutet nicht nur Elend für die Tiere, sondern auch für die dort lebenden Menschen. Ihre Lebensgrundlagen und ihre Kultur werden zerstört. Kleinbauern und Ureinwohner werden von ihrem angestammten Land vertrieben. Und letztendlich dreht sich alles wieder um eines. Um Geld! Viel Geld. Und deswegen haben sich Wee Tee Tan Palmöl, Gyarkit, Ada Kambing, Jabatan, Jinsa, Balai, Ladang Batu, Genting Plantations, KHB, Sawit Kina Balu, Sangai Ranu Oil und Serat Oil auf dem Weg nach Bilit aneinander gereiht und produzieren nach wie vor eine erstaunliche Menge Palmöl.

Vogelnest

Die Gomantong Caves sind eine interessante Sache. Kurz vor Bilit befindet sich dieses enorme Höhlensystem in dem die Salangan Vögel Nester bauen und ihre Jungen ausbrüten. Interessant wird es erst nachdem die Jungen ausgeflogen sind, weil die Nester dann, unter strengem Schutz, drei Mal jährlich „gepflückt" werden. Aus denen wird die beliebte Bird´s Nest Soup zubereitet. Mein Geschmack ist es nicht. Die Höhlen werden so schön sauber gehalten und die Vögel haben bei der nächsten Brut die Gelegenheit ein neues ordentliches Nest zu bauen. Gleich daneben hängen dann – fast brüderlich - die Fledermäuse. Sie stören einander überhaupt nicht. So sind die Vögel untertags unterwegs, um Nahrung zu suchen, während die Fledermäuse in der Nacht Essen suchen.

Über einen Steg wandern wir mit langer Hose und Trekkingschuhen zuerst durch den Wald. Kleine Lizzards halten sich auf dem Steg auf oder rennen schnell weg, wenn sie die Vibrationen unserer stapfenden Füße spüren. Zwei Eichhörnchen haben weniger Probleme mit unserem Besuch und suchen fröhlich weiter nach Leckerem. Bei der Höhle angekommen, wickle ich noch einen Schal über den Kopf. Man kann ja nicht wissen, was alles so von oben herab fällt. Die Höhle besteht aus mehreren Bereichen, allerdings ist nur ein

Bereich für die Besucher geöffnet. Bei den anderen Höhlen haben nur Vögel, Fledermäuse und Nestpflücker Zugang. Vor allen Zugängen, am Boden und am Hang, halten sich Wachleute auf. Die Nester sind sehr kostbar und da wird immer wieder versucht, die Nester zu klauen. Das Pflücken ist eine absolut gefährliche Arbeit. Früher hat es viele Unfälle gegeben. Heutzutage sind die Pflücker mit Klettergurt ausgerüstet und an der Decke der Höhle gesichert. Für ein Kilo Nester bekommst du MYR 3000 (2014 = Euro 730). Nicht gerade wenig. Und dann sind diese Nester noch schmutzig und mit Federn und Fäkalien versehen. Wenn die Nester fertig gesäubert sind, kannst du ruhig eine Null hinten dran hängen!

Der Geruch in der Höhle ist überwältigend. Eigentlich bin ich viel mehr von der enormen Anzahl der Kakerlaken beeindruckt, die hier herum krabbeln. Überall wo ich hinschaue, hinsteige oder eventuell hingreifen will, sind Kakerlaken. „National Geographic made a documentary here about the cockroaches and this should be the largest population in the world!" Basil erzählt es mit einem enormen Stolz. Ich bin mir allerdings nicht so sicher, ob ich diese Euphorie teilen soll. Mir graust es beim Anblick dieser Tiere. Und die Kakerlaken haben mehr Feinde! Ein spinnenartiges Tier mit einem langen Körper und vielen Beinen, wie ein Tausendfüßler, klebt an der Wand und frisst die Kakerlaken auf. Auch diese Ungeheuer sind in der Höhle zahlreich anwesend. Zwar nicht in der enormen Anzahl wie die Kakerlaken, aber immerhin. Der Steg, über den wir gehen, ist von den Fäkalien der Tiere mega dreckig und da liegen auch jede Menge kranke, tote oder halb angefressene Fledermäuse und Vögel am Boden. Drinnen stecken dann die Kakerlaken, die sich eine Festmahlzeit gönnen! Ich finde das Ambiente insgesamt etwas gruselig und mache die Runde schneller fertig als ursprünglich geplant.

Eine halbe Stunde später stehen wir am Ufer des Kinabatangan Flusses, auf dem Bootssteg. Das Bilit Rainforest Resort liegt an der anderen Uferseite und wir warten auf das Boot. Dieses Mal kommt kein traditionelles Holzboot, sondern ein ordentliches Boot mit echten Sitzplätzen. Luxus pur! Bei der Planung der Reise habe ich mir ein ganz anderes Bild von dem Fluss mitten im Regenwald vorgestellt. Ich habe mir einen dichten Dschungel vorgestellt, wo ich mich ständig ducken muss, um unter den Ästen voran zu kommen. Aber die Bäume sind hier überhaupt nicht so hoch, der Fluss ist sehr breit und zu ducken gibt es echt gar nichts.

Das Bilit Rainforest Resort ist etwas ganz Besonderes. Alle Bungalows stehen auf Stelzen und sind mit einem Steg, zirka einen Meter über dem Boden, mit einander verbunden. Wir bekommen ein geräumiges Familienzimmer, sehr sauber, vier Sterne sind es nicht, aber das Ambiente passt perfekt zum Regenwald. Wir haben hinten Aussicht direkt auf den Regenwald und vorne hängen auf der Terrasse zwei Hängematten zum Faulenzen. Und das machen wir jetzt. Ich merke, dass Romys

Launen langsam nachlassen. Die letzten zwei Tage waren doch sehr anstrengend und sie ist nach der Halsentzündung noch nicht so belastbar wie sonst. Es ist sowieso besser, die Strecke zwischen Kota Kinabalu und Sandakan zu fliegen. Ich komme bei jeder Reise auf Verbesserungsvorschläge, deswegen ist es für mich so wichtig, jede Reise als Tourist und mit Kindern zuerst zu bereisen, bevor ich sie den Gästen anbiete.

Nach dem Abendessen steht eine Nachtsafari auf dem Programm. Bei uns am Tisch sitzt Jeffrey. Wir haben ihn unterwegs schon mal gesehen, er hat auch im Sabah Tea Plantation übernachtet. Jeffrey ist bereits in Rente, kommt aus Wales und reist alleine. Seine Frau ist Aussi und bereits dort unterwegs. Sie besucht ihre Verwandtschaft. Jeffrey fliegt in ein paar Tage auch nach Australien, dann machen die Beiden eine Rundreise. Jeffrey hat keine Lust auf all diese Familienverpflichtungen und ich verstehe das gut. In jedem Fall haben unsere Führer es so organisiert, dass wir gemeinsam die Bootsafari machen werden. Mit einem riesen Scheinwerfer fährt unser Bootsmann los. Der Himmel ist sternenklar, der Mond jedoch noch nicht zum Sehen. Ohne Licht ist es wirklich stockfinster! Gleich beim ersten Baum hält der Bootsmann das Boot an. Eine große Eule sitzt auf dem Ast und schaut uns unsicher an. Soll sie sitzen bleiben oder wegfliegen? Ein toller Anfang. Mit noch zwei Eulen, schlafenden Kingfischern, Eisvögeln und Nashörnvögeln hört es allerdings auf und wir fahren zwei Stunden später zur Lodge zurück. Eine Station vor unserer Lodge winkt uns dann jemand vom Ufer. Eine Python! Schnell wird das Boot angelegt, wir eilen uns aus dem Boot und folgen dem „Winker." Und tatsächlich. Da liegt eine Python. Bewegungslos im Uferschilf. Ich schätze, dass nicht mal vier Meter zwischen uns sind. Unglaublich. Und so nah bei unserer Lodge! Du hörst zwar immer wieder, dass es Pythons und andere Schlangen gibt, aber dass die Tiere sich wirklich so nah an den Lodges aufhalten, das wird mir erst jetzt so richtig bewusst! Und, obwohl diese Tiere gut klettern können, verstehe ich jetzt auch warum unsere Holzbungalows auf Stelzen stehen und wir über einen Steg zum Restaurant gehen müssen.

Elefantengeschrei

Am nächsten Tag heißt es wieder früh aufstehen. Jeffrey ist auch mit dabei und bereits um 06.30 Uhr geht die nächste Flusssafari los. In der Früh gibt es meistens nur Vögel zu sehen. Trotzdem bleibt es spannend und erwartest du um jede Ecke doch etwas noch spannenderes. Das Ziel sind die kleinen Pygmäen Elefanten. Allerdings sinken die Erwartungen, umso länger wir auf dem Fluss unterwegs sind. Wir sind schon auf dem Rückweg, als wir noch kurz in einen Seitenarm einbiegen. Wir fahren durch ganz dichten Wald, die Flut strömt einwärts und plötzlich taucht vor uns ein kleiner See auf. Wunderschön liegt er versteckt und überall blühen lila Wasser-Hyazinthen. Basil erzählt, dass die Blumen jedes Jahr weggeholt werden. Sie machen nicht nur die Natur kaputt, sie ersticken auch das Wasser. Wie Unkraut, so schnell wachsen diese Pflanzen.

Die kleineren asiatischen n Elefanten sollten hier in dem Gebiet leben und immer wieder hören wir das Wort elephant von den anderen Booten. Sehen tun wir allerdings nichts. Aber dann, plötzlich aus dem Wald höre ich einen Schrei. Ein Elefant! Ich denke, der Elefant steht vielleicht zwei oder drei Meter vom Ufer entfernt. Das Gebüsch ist allerdings so dicht, da habe ich keine Chance die Kolosse auch tatsächlich zu sehen. Wir warten noch eine Weile, aber leider. Es bleibt bei einem Schrei...

Nach dem Frühstück besuchen wir das Dorf Bilit. Außerhalb der Ramandan Zeit wirst du hier mit den Einheimischen etwas kochen und gemeinsam das Mittagessen zubereiten. Jetzt in der Ramadan Zeit entfällt dieser Programmpunkt und wir wandern nur kurz durch das Dorf. Den Rest des Tages rasten wir bei unserem Bungalow und am späteren Nachmittag geht es mit der letzten Bootsafari los.

Wieder steigen wir mit Jeffrey und den beiden Führern ins Boot, laut Basil gibt es am Ende des Tages mehr Affen zu sehen. Und er hat recht. Gleich in der ersten Kurve sehen wir Orang-Utans! Echte wilde Orang-Utans. Ein Männchen, ein Weibchen und ein Baby. So süß. Hast du eigentlich gewusst, dass die Orang-Utans aus der Familie der Menschenaffen kommen und somit nicht als Affen sondern als Primaten bezeichnet werden? Auch die Langschwanz-Makaken sehen wir zahlreich am Ufer. Basil erzählt, dass die Makaken ziemlich nah am Fluss bleiben und sich nicht so weit in den Wald zurück ziehen. Der Grund ist ganz einfach. Sie haben Angst den Weg zu verlieren!

Etwas seltener sind die Silver Leaf Monkeys und die Pig Tail Makaken. Sie kommen am Ende des Tages aus dem Wald und machen ihre Nester fertig für die Nacht. Auch die Proboscis, die Nasenaffen, bekommen wir hier wieder zu Gesicht. Es ist fast wie eine Vorführung. Zuzuschauen wie all diese gleichartigen Tiere sich so miteinander und nebeneinander aufhalten. Da kann die Menschenwelt von diesem Affentheater noch etwas lernen!

Die letzten fünf Minuten der Bootsfahrt genießen wir gehüllt in Plastik. Der Himmel ist so schwarz geworden, dass wir das Schlimmste befürchten und das gesamte Plastik ausgepackt, Kamera und Mensch eingepackt haben. Und wir schaffen es trocken bis zur Lodge und auch noch bis zum Bungalow.

Es ist wieder Zeit das Gepäck einzupacken, morgen geht die Reise weiter. Während ich alle Sachen wieder versuche zu ordnen, höre ich auf ein Mal aus dem Bett einen Schrei. Romy! Da ist eine Kakerlake im Bett. Igitt! Mit dem Gruselbesuch an der Höhle noch im Hinterkopf, jage ich das „Viech" aus unserem Bett und packe das Moskitonetz aus. Ich habe das Netz immer mit. Nicht unbedingt wegen den Moskitos, sondern genauso gegen Ameisen und Kakerlaken. Ich möchte nicht, dass irgendein Tier mich in der Nacht anknabbert! Wenn du wissen willst, welches Netz ich mithabe, wie ich das Netz aufhänge und welches Zubehör ich dafür mitnehme, empfehle ich dir meinen Bericht im Reiseblog (http://blog.travelkid.at) zu lesen. Mit dem Netz über das Bett gespannt, wünsche ich gute Nacht!

Nachwuchs

Die Reise geht Richtung Norden, zur Küste von Sandakan. Allerdings besuchen wir zuerst das Sepilok Orang-Utan Rehabilitationszentrum, von Bilit ist es nur 1 ½ Stunden mit dem Auto. Gestern haben wir zum ersten Mal in Malaysia die Orang-Utans in freier Wildbahn gesehen. Hier im Sepilok werden die verletzten Tiere, Kleintiere ohne Eltern oder Baby-Primaten, die längere Zeit als Haustier gehalten wurden, aufgezogen und auf ein Leben in halbfreier Wildbahn vorbereitet. Halbwild, weil sie zwar im riesigen Regenwald von Sepilok ausgesetzt werden, trotzdem ist dieses Gebiet umzäunt. Zuerst wird eine Dokumentation gezeigt. Es ist nämlich nicht so selbstverständlich, dass die Baby-Primaten klettern können. So müssen die Tiere verschiedene Stationen „durchlaufen", in dem sie Jahr für Jahr das Klettern beigebracht bekommen. Das Video zeigt auch, wie Rangers den Tieren lernen, wie sie ihre Nahrung finden, wie sie Nester bauen und vieles mehr. So dauert das Ausbildungsprogramm fast zehn lange Jahre, bis die Tiere sich einigermaßen selbstständig organisieren können.

Einige Prozeduren sind hier anders als in Semenggoh. So gehst du hier über eine Desinfektionsmatte und müssen die Hände desinfiziert werden. Hier in Sepilok gibt es fast ausschließlich Kleintiere, deswegen die strengeren

Maßnahmen. Bei der Plattform haben wir mehr Glück als in Semenggoh, ein kleines rothaariges Exemplar bewegt sich gemütlich an den Seilen, die zwischen den Plattformen gespannt sind, fort. Die Fütterungszeit hat noch nicht begonnen und um die Zeit nützlich zu verwenden, baut die Kleine sich ein Nest. Es dauert ganze fünf Minuten, da ist von der Krone des Baumes gar nichts mehr zu sehen. Jeder Ast wird gepflückt und sehr sorgfältig auf das Nest gelegt. Bis zu vier Mal am Tag bauen die Tiere sich ein Nest. Dabei zerstören sie doch ziemlich viel Wald, oder werden diese Handlungen unter das Scheren des Waldes fallen? Zum Schlafen ist dieses Nest in jedem Fall nicht. Es ist Futterzeit!

Ein Ranger hockt sich auf die Plattform mit einem Korb Obst. Aus dem Nichts tauchen noch fünf Primaten auf und schaukeln schon sehr „trittsicher" an den Seilen zur Plattform hinüber. Ein Tier beobachtet die Lage zuerst hinter einem Baum aus. Dieser Orang-Utan ist sehr krank gewesen. Jetzt geht es endlich wieder aufwärts, die Haare fangen zum Wachsen an, aber er ist sehr misstrauisch und ängstlich. Orang-Utans haben 96 % ähnliche DNA wie wir Menschen und teilweise verhalten sie sich auch so. Ein Männchen stellt sich beispielsweise aufrecht hin, lehnt sich an einen Baum und isst eine Banane. Wenn du die Haare wegdenkst und dir stattdessen Kleidung vorstellst, hätte es auch ein kleines Kind sein können. Ein leises Gelächter geht als Belohnung für die Pose durch das Publikum.

Beim Eingang gibt es die Möglichkeit für nur GBP 36 im Jahr einen Orang-Utan zu adoptieren. Eine Stiftung aus Gross-Britannien hat vier Tiere zur Adoption frei gegeben und ich finde es eine gute Idee, wenn TRAVELKID einen Orang-Utan für die nächsten Jahre, bis zur Freilassung, unterstützen kann. Gelison ist im Juli 2010 nach Sepilok gekommen und war damals acht Monate alt. Jetzt „gehört" Gelison uns.

Romy wünscht sich natürlich auch ein neues Haustier und findet in Bidu Bidu einen neuen Freund. Er ist 2013 nach Sepilok gekommen und war damals 1 Jahr alt. Wenn du auch einen wichtigen Beitrag zum Rehabilitationsprogramm leisten willst, oder einfach deinem Kind ein besonderes Geschenk machen willst, dann schaue auf die Website: www.orangutan-appeal.org.uk. Die Adoption geht ganz einfach und du bekommst, außer Fotos, Bildmaterial und ein Zertifikat, zwei Mal jährlich ein Update über das neue Familienmitglied!

Hari Raya Aidil Fitri

Sandakan ist die ehemalige Hauptstadt Sabahs und heute ein bedeutendes Handelszentrum. Vor allem die Exportgüter wie Palmöl, Hartholz und Rattan werden von hier aus transportiert. Sonst hat die Stadt nicht viel zu bieten. Ich kenne den Namen Sandakan nur noch von früher, vom Fernseher. Es hat 1976 eine Miniserie gegeben, wobei Sandakan auf der Insel Mompracem ein Leben als Pirat führte und gegen die Engländer gekämpft hat. Allerdings finde ich erst jetzt heraus, dass die Insel Mompracem vor der Küste von Brunei liegt und nicht hier.

Es gibt irrsinnig viel Verkehr in der Stadt. Die Einheimischen sind zu ihren Familien unterwegs. Heute ist das Ende des Ramadans und morgen wird das Hari Raya Aidil Fitri, das Zuckerfest, gefeiert. Borneo ist weniger islamitisch und da werden Traditionen etwas lockerer gehandhabt. Ich habe von Einschränkungen nämlich überhaupt nichts gemerkt, kenne jedoch die Geschichten von der Ostküste des Festlands sehr wohl. Die einzige Einschränkung, die wir haben, tritt genau jetzt ein. Die Zufahrtsstraße zum Ibis Styles Hotel ist gesperrt. Viele Menschen halten sich bereits auf der Straße auf und sie haben kleine Marktstände eingerichtet. Wir müssen samt Gepäck zu Fuß weiter.

2008 wurde eine neue Uferpromenade in der Stadt gebaut. Das Hotel liegt direkt an dieser Promenade. Alles um der Stadt ein neues Bild zu verschaffen. Das Image war nicht so optimal. Angeblich gibt es sehr viele Ratten... Am späteren Nachmittag wandern wir durch die Stadt. Die Einheimischen sind schon richtig in Feststimmung und können das Ende des Ramadans kaum erwarten. Es ist jetzt noch voller auf der Straße, als vor zwei Stunden. Die Geschäfte haben geöffnet und da ist so viel los, wie bei uns kurz vor Weihnachten. Was allerdings direkt auffällt, ist dass es keine touristische Stadt ist. Keine Souvenirläden, sondern wirklich nur Läden für den täglichen Gebrauch. Wir werden regelmäßig angesprochen und sind die einzigen Europäer weit und breit. Auf dem Markt werden Leckereien verkauft. Große Kübel mit Eis, liegend in einer braunen Flüssigkeit, ich denke Schokolade. Das gleich auch in rot. Das könnten Erdbeeren sein. Die grüne Mischung kann ich nicht ganz nachvollziehen. Natürlich Gemüse, Feuerwerk und viele Süßwaren. Wird da der Name Zuckerfest herkommen?

Am Strassenrand sitzen Menschen, aneinander gereiht, sie flechten kleine Körbchen aus Bambus. An den Abfällen zu sehen, sind da bereits tausende geflochten worden. „We call it a kutupat", erklärt ein netter Kerl. „You fill it with rice and boil it", sagt er weiter. Ein Mal im Jahr darf der Reis in diesen geflochtenen Körbchen gekocht worden. Manche haben die Körbchen bunt gefärbt. Ob das wohl eine gute Idee ist, den Reis da drinnen zu kochen... Die werden eher als Dekoration hergenommen, denke ich. Irgendwann haben wir genug vom Wirbel und bestellen im Hotel etwas zu essen. Das Restaurant wird allerdings zusperren, der Koch ist bereits auf dem Weg zur Feier und ganz zur Freude von Romy gibt es nur Room Service. Herrlich dekadent essen wir die Köstlichkeiten im Zimmer, während es in der Stadt noch lange unruhig bleibt.

Mit einem Sammelbus werden wir am nächsten Tag zur Jetty gebracht. Es geht heute nach Turtle Island. Seit Romy auf Bali eine Meeresschildkröte adoptiert hat, hat sie ein besonderes Verhältnis zu diesen Tieren. Zu Hause hat sie inzwischen eine beeindruckende Sammlung von allerlei Schildkrötenfiguren aus der ganzen Welt. Bei der Planung der Reise habe ich auf der Karte die kleine Insel „Turtle Island" gefunden und wollte wegen Romys Vorliebe für diese Tiere unbedingt zu dieser Insel hin. Nur geht es nicht so einfach wie hier gesagt, wir stecken wieder im Stau fest. Überall entlang der Straße gehen Menschen und, obwohl es heute Montag ist, haben sie ihre schönste Sonntagsfestkleidung angezogen. Die Männer in einer knallig gefärbten weiten Hose mit Bluse. Ich denke, es ist ein glänzender Satinstoff, oder ähnliches. Blau, Rot, Lila oder Gelb ist keine Ausnahme. Die Frauen natürlich verschleiert und mit Sarong, genau so farbenfroh. Der Moschee Dienst zum Hari Raya Aidil Fitri Fest ist gerade beendet. Tausende Menschen verlassen die Moschee und machen sich auf den Weg nach Hause. Und weil du mit dem Auto sowieso nicht voran kommst, sind sie großteils in fast euphorischer Stimmung zu Fuß unterwegs.

Wir steigen aus dem Auto und müssen das letzte Stück zum Anlegeplatz wieder zu Fuß gehen. Zwar gehe ich etwas chaotisch, weil ich meinen Koffer in der einen Hand schleppe, die Kamera in der anderen trage, aber natürlich muss ich diese Szene bildlich festhalten! Freiwillig halten Autos an. „Can you please make a picture of me?", fragt der Fahrer. Und natürlich mache ich Fotos. Inzwischen winkt der Führer, wo ich bleibe. „Ja, ja, ich komme schon!" Bei der Jetty angekommen heißt es... warten! Ich schmeiße das Gepäck in eine Ecke. „Komm Romy, wir warten vorne bei der Straße!" Ich melde mich noch schnell bei unserem Führer ab und laufe mit Romy zurück zur Straße. Dieses Fest möchte ich auf gar keinen Fall verpassen. Ich habe auch keine Ahnung, wie groß die Moschee ist, da müssen tausend Leute locker Platz haben. Eine buntgefärbte Strähne von Leuten bewegt sich Richtung Stadt. Und die Menschen lassen sich freiwillig fotografieren. Und sie möchten auch unbedingt ein Foto von uns haben. So schnell habe ich gar nicht schauen können, wie das alles passiert, aber jede Person, die bei der Jetty vorbei wandert, habe ich fotografiert, er oder sie hat mich fotografiert und zum Schluss noch ein Bild mit Romy gemacht. Es ist eine riesen Party, wir haben echt große Gaudi mit den Menschen und wünschen einander ein schönes Fest. Es ist eine ziemlich lebendige Situation entlang der Straße und wir haben dabei die Aufmerksamkeit von den anderen bei der Jetty wartenden Touristen erweckt. Langsam kommen mehr Touristen, die sich natürlich auch fotografieren lassen müssen. Jetzt ist die Party wirklich komplett! Es geht sogar schon so, dass ich mir die liebsten, die niedlichsten, die schönsten oder die schrägsten Typen aussuchen kann. Romy ist ein beliebtes Fotomotiv, sowohl bei den Frauen als auch bei den jungen Männern. Inzwischen geht der Strom an Menschen weiter und werden ständig neue „Opfer" angeliefert. Ich sehe aus meinem Augenwinkel, wie ein Auto am Straßenrand anhält. Ein Herr im weißen Gewand mit goldenem Band und großen goldenen Pailletten am Arm steigt aus. Da sitzen noch einige Personen im Auto, er schreit allerdings etwas durchs offene Fenster und, obwohl ich kein malaiisch verstehe, wird es so etwas wie „sitzen bleiben" gewesen sein. Protzig mengt er sich unter die feiernde Truppe und lässt sich mit jedem fotografieren. Knappe fünf Minuten später steigt er wieder ins Auto und fährt weiter. Herrlich! Wie wichtig willst du sein? Manche sind mit dem LKW angereist. Der Verkehr ist wieder etwas in Gang gekommen und als die LKWs vorbei fahren, schreien und winken 30 bis 40 Männer, die hinten auf der Ladefläche zusammengestopft sind, herüber. Langsam kommt auch das Ende der Prozession. Noch schnell mache ich zwei drei Fotos, dann ist es auf der Straße wieder ruhig, die Speicherkarte voll, die Batterie leer.

Bei der Jetty ist immer noch keine Bewegung festzustellen. Nur ein Bootsmann für drei Boote. So wie er angezogen ist, mit feierlicher Bekleidung, ist er sicherlich gerade aus der Moschee gekommen. Ob sein Anzug bei der Arbeit noch lange lila bleibt… Die beiden anderen Bootsmänner, auf die wir warten, sind schnell nach

Hause sich umziehen. Darauf müssen wir, mit vollstem Verständnis, warten. Ich gerate ins Gespräch mit zwei Holländern; Marianne und Henk. Nach vielen Jahren Urlaub in Luxusresorts in Übersee verbracht zu haben, fanden sie es jetzt Zeit eine Rundreise zu machen. Wir haben hier auf Borneo noch nicht viele Touristen gesehen und die Touristen, die wir gesehen haben, waren meistens Asiaten oder Australier. Es ist nett, so einige Erfahrungen über die Reise auszutauschen. Etwas eifersüchtig bin ich dann, als sie erzählen, dass sie in Bilit die Elefanten schon gesehen haben. Vor allem, weil sie dort am gleichen Tag wie wir waren...

Inzwischen sind Bootsmann zwei und drei angekommen und haben die Boote fahrbereit gemacht. Auch Bootsmann eins hat sich schnell umgezogen und ist nicht mehr in lila. Wir können einsteigen. Größere Fischerboote liegen gleich nebenan. Es sind nicht unbedingt die neuesten Schiffe. Unser Boot schaut dahingegen gut aus, obwohl das Zertifikat, ausgestellt vom Sabah Nationalpark, bereits ein halbes Jahr abgelaufen ist... Wieder die viel zu großen Schwimmwesten, die alle Passagiere auch nur halb anziehen. In case of emergency muss ich auch die Frage stellen, wie ich zu meinem Schwimmreifen komme. Die hängen nämlich an der Decke, allerdings so festgezurrt, dass du zumindest ein Messer brauchst, um die Seile durchzuschneiden. Langsam fahren wir aus dem kleinen Hafen, nicht viel später geht es Vollgas nach Turtle Island.

Turtle Time

Selingan Island, so wie Turtle Island eigentlich heißt, ist seit 1977 unter das Management von Sabah Parks gestellt. Eigentlich sind es drei kleine Inseln. Allerdings gibt es nur auf Selingan Island Übernachtungsmöglichkeiten. Kein Luxus Resort, sondern drei kleine Gebäude mit jeweils sechs einfachen Doppelzimmern. Keine Minibar, keine Badewanne, keinen Wasserkocher, dafür saubere Bettwäsche, eine Dusche mit warmem Wasser und Airconditioning. Die meisten Touristen bleiben hier nur eine Nacht und ich finde das Ambiente prima so. Nach einer Stunde mit dem Boot taucht die kleine Insel vor uns auf und sofort fallen die Spuren von den Schildkröten am Strand auf. Da gibt es keine Zweifel. Es gibt hier garantiert Meeresschildkröten! Gleich nach der Ankunft bekommen wir ein kurzes Briefing. Die wichtigste Botschaft ist, dass keiner den Strand zwischen 18.00 und 06.00 Uhr zu betreten hat!

Zuerst haben wir bis zum Mittagessen etwas Freizeit und mieten Taucherbrille, Schnorchel und Flossen. Es gibt ein mit Bojen abgegrenztes Gebiet im Meer, in dem wir schwimmen und schnorcheln dürfen. Das Wasser ist relativ warm aber durch den Wind etwas trüb. Das Riff nicht übersensationell, trotzdem sehr nett. Es gibt einige Steinkorallensorten wie Hirn-, Hirschgeweih-, Tisch- und Bäumchenkorallen. Am Boden jede Menge Seegurken,

Seeigel, Seesterne und Fische, wobei die Papageifische die bekanntesten sind. Angeblich gibt es auch Nemo oder Clown Fische! Wir haben Nemo allerdings nicht gesehen.

Direkt vor der Küste liegen zwei bewohnte Inseln, Inseln die zu den Philippinen gehören. Es gibt auf der Website vom Auswärtigen Amt einen Hinweis. Es soll in Sabah immer wieder Überfälle geben. Ganz ehrlich. Ich finde diese Nachricht etwas übertrieben. Die Menschen, die auf diesen kleinen Inseln leben, haben keinen Reisepass. Sie dürfen auch nicht nach Sandakan um ihre Einkäufe zu erledigen, obwohl sie dort mit dem Boot in einer Stunde hinfahren könnten. Nein, sie müssen zur Hauptinsel der Philippinen fahren, 11 bis 12 Stunden weiter östlich. Wer macht bitte so was? Das hätte ich auch nicht gemacht! Ist doch klar, dass sie versuchen so an Land zu kommen, oder? Inzwischen sollte es eine Zwischenregelung geben, dass sie sich bei der Hafenpolizei melden müssen und sich einige Stunden in Sandakan aufhalten dürfen.

Hier auf Selingan Island sind 40 Polizisten stationiert. Sie schauen ziemlich wild aus, die bewaffneten Männer. Sie sind hier allerdings um die Eier der Schildkröten zu beschützen. Die Eier von Meeresschildkröten sind in den asiatischen Ländern immer noch eine Delikatesse. Es zeigt vom Wohlstand, wenn du deinen Besuch auf diese Eier einladen kannst. Ich finde es nur ein Zeichen von Blödheit, in jedem Fall wird immer wieder versucht, die Eier auszugraben und für viel Geld zu verkaufen. Da liegen hier Eier im Millionenwert. Deswegen ist die Wache notwendig.

Auch nach dem Mittagessen relaxen wir am herrlichen Strand und genießen das Schnorcheln. Und obwohl ich weiß, dass es nicht passieren wird, hoffe ich jede Minute unter Wasser eine Schildkröte zu sehen. Romy findet, dass ziemlich viel Müll am Strand herumliegt und hat eine Idee. Beim Büro von Sabah Parks fragt sie um einen Müllsack und eine Stunde lang sammeln wir Plastik und anderen Müll, welchen wir am Strand gefunden haben. Windeln, Styropor, Dosen, Deodorant, Haarfarbe, 100-te Zigarettenstummel, Plastiktüten. Unfassbar was „wir" alles einfach ohne nachdenken wegschmeißen.

Um halb sieben fängt das Programm an, wofür wir letztendlich nach Turtle Island gekommen sind. Wie vorher berichtet, dürfen wir uns ab jetzt nicht mehr frei auf der Insel bewegen und für den Strand gilt sowieso ein absolutes Verbot. Wir haben unseren kleinen Rucksack gepackt, das Rummikub-Spiel, etwas zu essen und zu trinken und natürlich die Fotokamera eingepackt und melden uns beim Restaurant. Der erste Teil des Programms startet. Im ersten Stock, direkt oberhalb vom kleinen Restaurant, ist ein kleines Museum eingerichtet. Bilder, Grafiken und Übersichtskarten informieren über die Green und Hawksbill Turtles. So lese ich, dass die grünen Kröten bis zu einem Meter groß werden können und erst mit 15 bis 35 Jahren geschlechtsreif sind. Die Hawksbill ist kleiner, bis 55 cm, und die erste Paarung geht etwas früher los, mit acht bis zehn Jahren. Wahnsinn eigentlich. Das müssen die Tiere erst einmal werden. Früher, in der Dinosaurierzeit kein Problem, aber heutzutage eine ganz schöne Leistung! Ein Nest ist nachgebaut und ich lerne, dass die Schildkröten, wenn sie wirklich schlüpfen, eigentlich schon drei Tagen alt sind. Ganz langsam bewegen sie sich in dem feinen Sand nach oben und warten direkt unter der Oberfläche, bis es kälter wird und Nacht ist. Dann geht der Sprint erst los!

Ein kurzer Film zeigt vor allem, welche Bedrohung unser Plastikmüll für die Meeresschildkröten ist. Ein durchsichtiger Plastiksack schaut unter Wasser wie eine herrliche frische Qualle aus. Die Schildkröten ersticken und verhängen sich in dem Müll, mit allen Folgen dessen. Gott sei Dank ist die EU sowieso dabei, diese blöden Einweg-Säcke aus dem Supermarkt zu verbieten.

Um halb 8 wird das Abendessen serviert. Ein einfaches Buffet mit Gemüse, Fleisch und Reis. Das kleine Geschäft nebenan ist nahezu leer und es gibt nur einige Getränke zu kaufen. Danach fängt das große Warten an, das Warten auf DAS Zeichen. Alle Gäste, wir sind mit 30 Personen, müssen im kleinen Hauptgebäude bleiben. Die Paarung der Tiere hat gerade stattgefunden und damit die Schildkröten in Ruhe einen geeigneten Platz für ihr Nest aussuchen können, sollen wir die Tiere nicht stören. Weil wenn sie ihre Eier nicht ablegen, ist dieser Wurf verloren. Und wer weiß, wann sich eine neue Situation ergibt. Nur zwei Rangers sind am Strand unterwegs. Sie schauen sich die Lage an, zählen die Schildkröten, die an Land kommen und zählen wie viele ein Loch graben und tatsächlich Eier hinterlassen. Mit ihren Hinterflossen graben sie ein bis zu 70 cm tiefes Loch. Wenn die Schildkröte in dieser Phase gestört wird, oder den Platz doch nicht geeignet findet, verschwindet sie wieder im Meer, ohne ihre Eier abzulegen. Das würde einen großen Verlust bedeuten. In der Zwischenzeit schlagen wir uns die Zeit tot, unterhalten uns mit Henk und Marianne und spielen Rummikub. Die Zeit vergeht. Und vergeht. Es wird bald 22.00 Uhr. Aber dann…

Turtle Time!!! Diese magischen Worte vom Ranger sind der Startschuss zum nächsten Programm. In aller Eile packe ich meine Kamera, ziehe die Schuhe an und renne mit Romy dem Ranger nach, zum Strand. Alles muss ja sehr schnell gehen, die Kröte wartet ja nicht auf uns! In der Dunkelheit folgen wir dem Ranger über den Strand. Das ist gar nicht so einfach, weil es überall tiefe Nestlöcher gibt und wir ständig über die Löcher stolpern. Aber da liegt sie. Eine grüne Meeresschildkröte. Sie hat bereits angefangen, ihre Eier abzulegen und ist völlig in Trance. Nimmt ihre Umgebung nicht mehr wahr und deswegen dürfen wir erst jetzt zur Schildkröte hinkommen. Beeindruckt schauen wir der Schildkröte zu, wie sie behutsam ihre Eier ablegt. Sie weiß aber nicht, dass ihre frisch gelegten Eier gleich wieder von dem Ranger, der neben ihr sitzt, ausgegraben und in einem Eimer gesammelt werden. Schildkröten kommen in der Brutsaison zirka fünf bis neun Mal an den Strand, mit zwei bis drei Wochen dazwischen. Dann ist wieder zwei bis drei Jahre Schluss!

Sobald diese Meeresschildkröte ihre Eier abgelegt hat und Anstalten macht, das Loch wieder zuzumachen, wird sie vom Ranger noch vermessen, gechipt und registriert. Ganz leise verschwinden wir, damit die Schildkröte in Ruhe ihr Nest zudecken kann und zum Meer zurück krabbeln kann. Pro Abend wird übrigens nur eine Schildkröte von den Hausgästen „gestört." Wir folgen dem Ranger mit dem Eimer voller Eier zurück zur Aufzuchtstation. Die Eier werden jetzt sehr sorgfältig eingegraben und mit einem Hinweisschild versehen. Rund um das Loch wird noch Gaze gesponnen, damit die Baby Schildkröten vor Feinden, wie eben dem Monitor Lizzard, geschützt sind und sie beim Schlüpfen einfacher gezählt werden können. Dann heißt es für die Embryos warten! 40 bis 60 Tage warten. Hast du übrigens gewusst, dass das Geschlecht von der Außentemperatur bestimmt wird? Deswegen liegt eine Wiese, in der ein Teil der Eier vergraben wurden, unter Bäumen. Da gedeihen die Männer. Und in der Wiese unter dem freien Himmel, wo es etwas wärmer ist, gedeihen die Weibchen. Und weil wir mehr Weibchen benötigen, ist dieses Feld drei Mal so groß. Unser Score von heute Abend sind 83 Eier. Hoffentlich werden daraus 83 weibliche Schildkröten. Alte Schildkröten.

In einem älteren Loch, am anderen Ende des Feldes, sind kurz zuvor 42 Baby Schildkröten geschlüpft. Als letzten Programmpunkt dürfen wir diese kleinen Baby Schildkröten noch im Meer aussetzen. Die Tiere haben für zirka sieben Tage Nahrung im Bauch. Damit können sie das offene Meer erreichen und sind sicher vor Möwen und Lizzards. Zielbewusst krabbeln die 42 geschlüpften Tiere Richtung Meer und verschwinden langsam im kalten Wasser. Hoffentlich werden sie alle in 35 Jahren zu diesem Strand zurückkehren und selbst ihre Eier ablegen. Realistisch ist das allerdings nicht. Nur 1 %, also vier Schildkröten, werden irgendwann an diesen Strand zurückkommen um selbst ihre Eier abzulegen. Der Rest schafft es nicht.

Normalerweise findet das Programm zwischen 21.30 – 23.30 Uhr statt. Und manchmal kommen die Schildkröten einfach erst später an den Strand. Nimm etwas zu naschen und zum Spielen mit. Das Warten lohnt sich wirklich! Wir sind noch einen Tag länger auf der Insel geblieben und haben das ganze Programm am nächsten Tag nochmals gemacht. Ein Traum!

Twin Towers

Beeindruckt verlassen wir in aller Frühe die Insel, es geht mit dem Boot zurück nach Sandakan. Heute fliegen wir nach Kuala Lumpur und weil der Flug erst am Nachmittag geht, habe ich eine Stadttour organisiert. Jacqueline holt uns bei der Jetty ab, der erste Stopp ist das Water Village. Direkt vor der Küste der Stadt liegen diese sogenannten Water Villages, im Prinzip ein ganzes Dorf auf dem Wasser auf Stelzen gebaut, vom Ministerium unterstützt. Ich bin sehr gespannt, wie es dort ausschaut, nach fünf Minuten bin ich allerdings geschockt! Natürlich haben die Menschen hier Strom. Auch die Wasserleitung ist anwesend, sogar vom Ministerium bezahlt. Aber über einen Kanal, ein Abwassersystem und die Müllentsorgung, darüber hat niemand nachgedacht. Alles, sprich Abwaschwasser, Fäkalien, Duschwasser, Speisereste und Restmüll gelangen.... Jawohl. Ins Wasser! Das Wasser ist total dreckig, überall liegt Müll, die Farbe des Wassers undefinierbar, grauslich. Wieso haben wir auf Turtle Island eigentlich Müll gesammelt? Hier hätten wir in einer Stunde zehn LKW´s vollladen können. Unfassbar dass die Regierung einerseits viel Geld in das Schildkröten Schutzprogramm pumpt, es an der anderen Seite einfach so zerstört. Wie kann man in solche Water Villages Geld investieren? Da muss doch eine andere Lösung möglich sein?

Zeit für etwas Schöneres. Eine Hochzeit. Ich habe Jacqueline gefragt, ob wir die Moschee anschauen können. In erster Instanz sagt sie nein, aber ein Taxifahrer, der neben uns steht, hat meine Frage gehört und erzählt, dass es sehr wohl möglich ist. Ich bin nämlich schon sehr neugierig, wie groß das Ding eigentlich ist, weil vor zwei Tagen so viele Leute heraus gekommen sind. Und, wie ich schon gedacht habe, ist der Gebetsraum riesig. Die Moschee ist einfach ein Gebäude aus Beton, ohne Schnickschnack, ohne Farbe, ganz anders als eine Kirche oder ein Tempel. Und da wird gerade geheiratet!

Anschließend besuchen wir den neuen Puu Jih Shih Tempel, der 1987 erbaut wurde. Der Tempel ist mit riesigen goldenen Drachen und vielen Buddha-Figuren geschmückt, viel Rot und Gold, dazu eine Menge brennende Lampen und der Geruch von Räucherstäbchen. Von der Terrasse blicken wir noch ein letztes Mal auf die Stadt, dann geht es zum Flughafen.

Der Flughafen von Sandakan ist eine riesige Baustelle. Hier soll ein schönes und vor allem größeres Gebäude entstehen um die zunehmende Zahl an Besuchern abfertigen zu können. Weil trotz negativer Berichterstattung sehr viele Touristen in diese Region reisen. Und das geht auch. Ohne Probleme! Im Moment gibt es am Flughafen nur drei kleine Shops und ein Restaurant.

Am letzten Tag schauen wir uns Kuala Lumpur an, allerdings begrenzen wir uns auf das Wahrzeichen der

Stadt: die Petronas Twin Towers. Vom argentinischen Staatsarchitekten entworfen und 1998 eingeweiht war der Komplex mit den 451 m hohen Türmen lange der höchster Turm der Welt. In den Zwillingstürmen residiert der Ölkonzern Petronas, die Skybridge verbindet beide Türme und ist für Besucher offen. Der Kartenverkauf befindet sich in der Lobby, um ein Kärtchen zu ergattern benötigst du allerdings Zeit. Sehr viel Zeit! Wir haben die Zeit nicht und lassen uns von einem Taxifahrer zu einem guten Platz für ein Foto kutschieren. Hier solltest du unbedingt fragen, ob er den Taxameter einschaltet! Die Fahrt hätte MYR 6 gekostet, wir haben MYR 20 bezahlt. Abgezockt wirst du als Tourist echt immer und überall.

Wir stehen vor dem Koloss. Ich bemerke, dass ich die Türme mit einem normalen Objektiv niemals ganz auf ein Bild bekomme. Im letzten Augenblick habe ich das Weitwinkelobjektiv noch eingepackt, jetzt muss es her. Am Boden sitzt ein Mann. An seiner Ausrüstung zu sehen, kennt er sich beim Fotografieren aus, obwohl das manchmal gar nicht stimmt. In jedem Fall frage ich ihn, ober er ein Foto von uns machen kann. Mir fehlt noch immer das Sensationsbild für die Vorderseite dieses Buches und wie du siehst, hat auch dieses Bild die Vorderseite nicht geschafft.

Direkt nebenan liegt das Suria Einkaufszentrum, eine von den vielen Einkaufsmalls, an denen Kuala Lumpur reich ist. Dolce & Gabana, Louis Vuitton und Chanel sind nur einige der Luxusstores, die es in diesem Haus gibt.

Auch wir schlendern durch die Mall, können noch das eine oder andere Souvenir ergattern, essen noch etwas bevor wir zum Hotel zurückwandern. Heute Abend geht es zurück nach Hause. Was mir in Malaysia so aufgefallen ist, ist die Freundlichkeit, die Offenheit der Menschen, die Toleranz. Malaysia ist bekannt für seine vielfältige Kulturlandschaft, die nicht nur drei der ältesten asiatischen Zivilisationen – Malaien, Chinesen und Inder – umfasst, sondern auch die besonderen ethnischen Völker von Sabah und Sarawak. Malaysia bietet deswegen eine einzigartige Mischung im Bezug auf Küche, Handwerk, Tradition und Architektur. Diese Verschmelzung und das Miteinander dieser unterschiedlichen Gruppen hat in jedem Aspekt des täglichen Lebens Akzente gesetzt. Akzente der Toleranz. Und an diesem Beispiel, wie es auch Miteinander geht, davon können „wir" noch viel lernen.

Unser Reiseschema

Route Malaysia	Transport	Km
Kuala Lumpur – Taman Negara	Mietwagen	190
Taman Negara – Cameron Highlands	Mietwagen	190
Cameron Highlands – KLIA	Mietwagen	255
Route Borneo		
KLIA – Kuching	Flug	
Kuching – Bako NP – Iban – Kuching	Auto	320
Kuching – Kota Kinabalu	Flug	
Kota Kinabalu – Ranau	Auto	106
Ranau – Bilit	Auto	352
Bilit – Sandakan	Auto	125
Sandakan – Turtle Island	Boot	
Sandakan – Kuala Lumpur	Flug	
Insgesamt zurückgelegter Weg		**1538**

TRAVELKID „abenteuerlich einfach"

Fernreisen und Kinder passen wunderbar zusammen. Unter dem besonderen Motto *„abenteuerlich einfach"* stellt **TRAVELKID**, ein sehr dynamisches Internet-Unternehmen, Reisen in ferne und exotische Länder vor – maßgeschneidert für Familien mit Kindern.

TRAVELKID organisiert exklusiv für abenteuerliche Eltern mit neugierigen Kindern spannende individuelle Fernreisen mit einem eindrucksvollen und einzigartigen Programm nach dem „abenteuerlich einfach" Prinzip.

Das abenteuerliche Prinzip bezieht sich auf die großartigen Forscher. Die Natur und ihre „tierischen" Einwohner sind feste Bestandteile des Programms und kommen z.B. in Elefanten- und Kamel-Safaris, Besuche in örtlichen Tierpflegestationen, Kanufahrten zwischen Seekühen oder Delphin-Beobachtungen mit dem Boot vor. Ein anderer Bestandteil des Programms ist Bewegung, welche im Radfahren entlang Tempelanlagen, Bootsfahrten am Meer, Wanderungen durch Reisfelder oder Klettern auf Sanddünen umgesetzt wird. Und wenn die kleinen Beine nicht mehr wollen, werden typische lokale Transportmittel wie eine Pferdekutsche, ein Longtailboot oder eine Rikscha eingesetzt. Das einzigartige Programm bietet also täglich genügend Abwechslung zwischen Erholung und Spannung, exklusiv auf die Wünsche der Kinder abgestimmt.

Das zweite **TRAVELKID**-Prinzip „einfach" ist optimal für Eltern, die Destinationen auf eigene Faust entdecken möchten, und die praktischen Vorteile einer organisierten Reise genießen wollen. **TRAVELKID** reserviert die elementaren Dinge wie Transport, kinderfreundliche Hotels und die wichtigsten Sehenswürdigkeiten im Voraus. Und kommt dabei ohne Hochglanzprospekte aus, im Internet ist alles Wissenswerte zu finden. Dabei wird jede Reise individuell zusammengestellt, kombiniert mit den Ergebnissen der persönlichen Reise-Erfahrungen. Nicht zuletzt profitiert der Kunde davon, weil Romy - die kleine Weltenbummlerin der Inhaberin - die Reisen schon selbst unternommen hat - das Feedback kommt also direkt von einem kleinen **TRAVELKID**.

Jetzt heißt es also abstimmen, wohin die Reise geht: nach Florida zu Krokodilen und Mickey Mouse, nach Bali zum Vulkan-Bestaunen und Delphin-Beobachten, nach Namibia für eine Safari und Dünenbesteigung oder nach Jordanien ins Beduinenzelt und zum Toten Meer?

Malaysia ist eine interessante und kinderfreundliche Destination und TRAVELKID liefert ein spannendes und abwechslungsreiches Programm, abgestimmt auf „junge und alte" Kinderwünsche.

Auf Grund der großen Reisedistanzen ist Borneo kein billiges Reiseziel. Es ist immer wieder notwendig manche Strecken mit dem Flugzeug zurück zu legen. Außerdem kennt Malaysia fast keine Vierbett- oder Familienzimmer. Deswegen bekommst du, wenn du mit vier Personen reist, immer zwei Zimmer. Alles Umstände, die eine Borneo Reise nicht günstig machen. Dafür ist das Land aber traumhaft schön, noch sehr authentisch und beherbergt einen Schatz an Natur und Kultur, den es zu entdecken gibt.

Wenn du mit deiner Familie auch gerne eine Malaysia Reise unternehmen willst, dann schicke einfach ein E-Mail an info@travelkid.at für ein unverbindliches Angebot.

TRAVELKID Reisetipps

Gut vorbereitete Reisen bleiben meist unvergesslich. Mit den praktischen Reisetipps und den vielen nützlichen Reiseinformationen von TRAVELKID genießt du von einer perfekten Reisevorbereitung für deine nächste Malaysia oder Borneo Reise.

Von der besten Reisezeit über die Reisedokumente bis hin zur Zeitverschiebung: Hier findest du die besten Reisetipps für eine sichere und erholsame Malaysia Rundreise mit Kindern aller Altersstufen.

T = Transport vor Ort

Wenn du eine Malaysia Rundreise mit einem privaten Chauffeur buchst, gibt es einige Vorteile. Der Chauffeur kennt den Weg und der Kontakt mit den Malaysiern wird etwas leichter sein. Außerdem herrscht Linksverkehr, nicht jedermanns Sache. Das Auto verfügt über Klima und Kindersitze. Je nach Zusammenstellung deiner Familie wird die Reise mit einem PKW oder Mini-Van ausgeführt.

Fährst du mit eigenem Auto hast du mehr Freiheit und die Rundreise wird abenteuerlicher. Es ist immer wieder die Frage ob du den richtigen Weg findest, aber mit einer guten Straßenkarte und dem Navi sollte das kein Problem sein.

Weiters wirst du die Strecke von Kuala Tembeling Jetty nach Taman Negara mit dem Boot zurücklegen und auch die Inseln Langkawi, Perhentian und Redang sind nur über den Wasserweg erreichbar. In Lake Kenyir und Belum stehen Bootsfahrten auf dem Programm.

TRAVELKID organisiert deine Borneo Rundreise immer mit einem privaten Chauffeur, wobei er die Familie zu den Sehenswürdigkeiten auf Borneo begleitet. Die Straßen auf Borneo sind sehr gut befahrbar und die Reisedistanzen zu den Sehenswürdigkeiten relativ kurz. Das Auto verfügt über Klima und Kindersitze für Kinder bis fünf Jahre. Je nach Zusammenstellung deiner Familie wird diese Malaysia Reise mit einem PKW oder einem Mini-Van ausgeführt. Mehr Orte über Land miteinander zu kombinieren ist auf Borneo sehr mühsam und kostet viel Zeit. Deswegen empfiehlt TRAVELKID zwischen Kuching, Mulu, Kota Kinabalu und Sandakan Inlandflüge zu buchen.

R = Reisedokumente

Reisepass
Der Reisepass muss bei der Ausreise noch mindestens sechs Monate gültig sein. Im Reisepass muss noch mindestens eine freie Seite im Bereich „Sichtvermerk" sein. Auch Kinder und Säuglinge benötigen einen

eigenen Reisepass mit Foto. Kinderausweise werden nicht anerkannt.

Visum
Wenn du über die richtigen Reisedokumente verfügst, dürfen Österreichische, Deutsche und Schweizer Staatsbürger sich bis zu drei Monate ohne Visum in Malaysia aufhalten. Es müssen der Grenzbehörde jedoch die Rück- oder Weiterflugtickets mit bestätigter Flugbuchung vorgelegt werden.

Bei der Einreise nach Malaysia bekommst du ein Einreiseformular. Bewahre bitte den Abschnitt des Einreiseformulars, den man dir bei der Einreise aushändigt, gut auf da du diesen bei der Ausreise wieder vorlegen musst.

Impfungen
Wir empfehlen, dich rechtzeitig vor der Abreise mit einem Arzt in Verbindung zu setzen, um dich über entsprechende Gesundheitsvorsorge und die eventuellen Impfungen zu informieren. Unsere Angaben zu Impfungen sind nur als Empfehlungen anzusehen, dafür kann von TRAVELKID verständlicherweise keine Haftung übernommen werden.

Malaysia stellt keine Pflichtimpfungen, aber es ist anzuraten, dich um folgende Vorsorgemaßnahmen zu kümmern:

- Diphtherie, Tetanus, Polio
- Hepatitis A

Für Malaysia ist eine Malaria-Prophylaxe nicht notwendig. Einen Mückenschutz solltest du aber unbedingt mitnehmen!

Weiterführende Informationen dazu erteilt dir ein Tropen- oder Hygiene-Institut, z. B. das Zentrum für Reisemedizin in Deutschland: www.crm.de.

Falls du einen internationalen Impfpass hast, ist es ratsam, diesen mitzunehmen.

A = Alter der Teilnehmer

Malaysia ist mit Kleinkindern und Babys sehr gut machbar. Wir empfehlen ausschließlich die Westküste zu besuchen. Die idyllische Insel Langkawi und historische Insel Penang haben Erholung pur im Angebot. Schöne Strände und luxuriöse Ferienanlagen machen unsere 13-tägige Familienrundreise zu einer angenehmen und gut machbaren Angelegenheit.

Im Prinzip kann jedes Schulkind, das gesund ist, an unserer 15-tägigen und 17-tägigen Rundreise auf dem Festland teilnehmen. Eine positive und flexible Einstellung ist schon sehr wichtig, weil manche Sachen manchmal etwas anders ablaufen als bei uns. Es gibt jedoch immer wieder genügend Freizeit um dich zu entspannen oder mal etwas länger zu schlafen. Die Ausflüge und Sehenswürdigkeiten können altersgerecht angepasst werden. So können größere Kinder tauchen lernen, statt schnorcheln, Felsen klettern statt wandern oder eine Wildwassertour statt einer Bootsfahrt unternehmen. Immerhin ist Malaysia für seinen Abenteuertourismus bekannt.

Eine Borneo Rundreise ist für Schulkinder sehr geeignet und Kleinkinder werden sich vor allem am Strand von Kota Kinabalu sehr wohl fühlen. Wir passen jede Reise an deine Wünsche an. Nimm dazu einfach Kontakt zu uns auf.

V = Valuta

Die Währungseinheit Malaysias ist der Ringgit (RM). 1 Euro = 4,10 Malaysian Ringgit und 1 Malaysian Ringgit = 0,24 Euro. (Stand Januar 2015)

EC-Karten mit PIN-Nr. haben sich inzwischen als Zahlungsmittel in vielen Orten durchgesetzt, sodass sie die schlecht umzutauschenden Reiseschecks durchaus ersetzen können. Auch Kreditkarten werden an vielen Orten akzeptiert. Geld kann in den größeren Orten in der Regel bei Banken, autorisierten Geldwechslern und Hotels problemlos umgetauscht werden.

Für den Aufenthalt in ländlichen Gebieten wie den Nationalparks, auf den Inseln Perhentian und Redang, sowie im Inland von Borneo empfiehlt es sich, Bargeld mitzunehmen. Euros sind ohne weiteres umtauschbar.

E = Elektrizität

Malaysia hat 220 Volt, 50 Hertz Wechselstrom, vorausgesetzt es kommt zu keinem Stromausfall. Die Spannung in malaysischen Steckdosen beträgt 230 bzw. 240 V und 50 Hertz. Es werden dreipolige Stecker verwendet, sodass ein Adapter nötig ist.

Da es in den Nationalparks häufig zu Stromausfällen kommen kann, ist die Mitnahme einer Taschenlampe empfehlenswert.

L = Logis und kinderfreundliche Hotels

Während dieser Malaysia Rundreise übernachtest du mit deiner Familie in guten, sauberen und meist zentral gelegenen drei bis vier Sterne Hotels in gemütlicher Atmosphäre und in der Regel ausnahmslos mit Swimmingpool. In den Hotels haben wir für eine Familie mit einem Kind ein Dreibettzimmer reserviert, mit eigener Dusche und WC. Für Familien mit zwei oder drei Kindern, bekommen die Kinder ein eigenes Zimmer.

Weil du meistens sehr früh in Kuala Lumpur landest, ist es nicht immer möglich das Zimmer gleich zu beziehen. Wenn dies der Fall ist, empfehlen wir, das Gepäck im

Hotel zu lassen und eine Stadttour machen. Eine andere Möglichkeit ist, beim Schwimmbad zu entspannen.

Etwas ganz besonderes haben wir in Kota Bharu für dich vorbereitet. Übernachten bei einer Malaysischen Familie: Homestay!

Auch auf Borneo haben wir nach den besten Unterkünften des Landes gesucht und sind fündig geworden! Die Hotels bieten einen hervorragenden Service und du bist hier mit deinen großen und kleinen Kindern herzlich willkommen. Im Dschungel können wir kein Luxushotel für dich reservieren, die gibt es einfach nicht. Stattdessen sollte bei den Iban, auf Turtle Island oder am Kinabatangan Fluss das Programm im Dschungel im Vordergrund stehen.

K = Klima & beste Reisezeit

Malaysia hat ein warmes, feuchtes Klima. Unsere Sommermonate Juli und August sind hervorragend für einen Besuch in Ost Malaysia geeignet und können wir als beste Reisezeit empfehlen. Du bist mitten in der Trockenzeit. Die Monsunzeit an der Ostküste ist von November bis März; es regnet dann oft und längere Zeit hintereinander.

An der Westküste Malaysias gibt es eigentlich keine richtige Regenzeit. Die meisten Regenfälle gehen im April Mai und von September bis Oktober nieder. Auch in der Trockenzeit kann ab und zu ein tropischer Regenguss kommen, meistens ist es schön und trocken. Die beste Reisezeit für die Westküste ist das ganze Jahr durch.

I = Internationale Zeitverschiebung

Die Zeitverschiebung zwischen Malaysia und Österreich beträgt plus sieben Stunden in der Winterzeit und plus sechs Stunden in der Sommerzeit.

D = Dinner und anderes Essen

Das Frühstück ist im Preis inkludiert, damit du den Tag gemütlich anfangen kannst. Malaysia ist ein Paradies, wenn du das asiatische Essen liebst. Für einen minimalen Betrag kannst du an einer Vielzahl von Garküchen unter freiem Himmel fantastisch essen. Und auch westliches Essen ist überall zu erhalten. Früchteliebhaber werden besonders auf ihre Kosten kommen: Mangos, Melonen, Lychees und Bananen sind nur wenige Beispiele für die Vielfalt an unterschiedlichen Früchten.

Die Einheimischen essen gerne Roti Canai, einen leicht knusprigen Pfannkuchen aus Weizenmehl, der auf einer Kochplatte gebraten wird. Probiere auch die typisch malaysische Delikatesse, das Satey, über Holzkohlefeuer gegrillte Fleisch-Spieße, die mit Erdnusssoße serviert werden.

Wichtige Adressen

Malaysia Botschaft in Österreich
Floridsdorfer Hauptstrasse 1 - 7
1210 Wien
Tel. +43 - 1 – 505 – 1042

Malaysische Botschaft in Deutschland

Klingelhöferstrasse 6	Platz der Einheit 1
10785 Berlin	60327 Frankfurt
Tel. +49 - 30 – 885 7490	+49 – 30 – 870 0370

Malaysische Ambassade in der Schweiz
Jungfraustrasse 1
3005 Bern
Tel. +41 – 31 – 350 4700

Österreichische Botschaft in Malaysia
Wisma Goldhill Suite 10.01-20, Level 10
50200 Kuala Lumpur
Tel: + 60 – 3 – 2057 8969

Deutsche Botschaft in Malaysia
26th Floor Menara Tan & Tan, 207 Jalan Tun Razak
50400 Kuala Lumpur
Tel: +60 – 3 – 2170 9666

Schweizeriche Botschaft in Malaysia
16, Pesiaran Madge
55000 Kuala Lumpur
Tel. +60 – 3 – 2148 0622

Fremdenverkehrsamt Malaysia
Weissfrauenstrasse 12 - 16
60311 Frankfurt am Main, Deutschland
Tel: +49 – 69 – 460 923 420

TRAVELKID Fernreisen GmbH & Co KG

Das komplette Reisebüro für deine Malaysia Reise – von der Zusammenstellung der individuellen Rundreise über Unterkunftsreservierung bis hin zu Flugbuchungen, Bestellung der Reiseberichte oder Reise Knowhow Reiseführer und last-but-not-least das Abschließen einer guten Storno- und Reiseversicherung von der Europäischen

Seeuferstraße 6b | 5700 Zell am See | Österreich
www.travelkid.at | http://blog.travelkid.at
info@travelkid.at

Tel. +43 – 676 – 710 1330

Meine anderen Bücher

18 Fotos
übersichtliche Sri Lanka Karte
116 Seiten
Ausführliche Informationen
Detaillierte Reiseroute
ISBN 9-783-7431-6553-3
Preis: € 11,80
1. Auflage 2016
Neuauflage Januar 2017

Löwentatzen
Mit meiner Tochter auf Abenteuerreise durch Sri Lanka

Die gigantischen Löwentatzen hoch oben auf dem Löwenfelsen in Sigiriya lassen den Umfang des früheren Königspalasts ein wenig erraten. Genauso immens sind die alten Königsstädte Polonnaruwa, Anaradhapura und Kandy. Im **TRAVELKID** Reisebericht **Löwentatzen** – *mit meiner Tochter auf Abenteuerreise durch Sri Lanka* - entdeckt die Autorin Patrice Kragten gemeinsam mit ihrer 13-jährigen Tochter diese und andere Weltkulturen der UNESCO, an denen Sri Lanka reich ist. Ganz spannend sind die Safaris in den Nationalparks Yala oder Minneriya, abenteuerlich ist die Zugfahrt von Kandy nach Nuwara Eliya und sportlich die Radtour in Pollonaruwa. Begleitet werden Kragten und Tochter von ihrem privaten Chauffeur Keerthi, durchaus üblich für eine Sri Lanka Reise. Entdecke wie leicht „die Perle im indischen Ozean" mit Kindern machbar ist, staune über die enorme Anzahl der Teeplantagen im Landesinneren und genieße die perlenweißen Strände der Küste.

„Damit die Menschen nach dem Bürgerkrieg ihr Land wieder aufbauen können, ist mir der Fair Trade Gedanke sehr wichtig. Ich verhelfe lieber einem Chauffeur zu einem guten Job, als Geld in eine internationale Mietwagen-Firma zu stecken."

20 Fotos
übersichtliche Costa Rica Karte
248 Seiten
Ausführliche Informationen
Detaillierte Reiseroute
ISBN 978-3-8448-0164-4
Preis: € 16,00
1. Auflage 2011, 2. Auflage 2016
Neuauflage Januar 2017

Dschungelfieber
mit meiner Tochter auf Abenteuerreise durch Costa Rica

Rauchende Vulkane, freundliche Ticos, saftig grüne Regenwälder, farbenfrohe Dschungeltiere, coole Cowboys und prächtige Strände. Das sind die würzigen Zutaten einer abwechslungsreichen Costa Rica Reise. In diesem neuen TRAVELKID Reisebericht **Dschungelfieber –** *mit meiner Tochter auf Abenteuerreise durch Costa Rica* – erzählt die Autorin Patrice Kragten von ihren Erlebnissen während der Abenteuerreise durch „die reiche Küste", die sie gemeinsam mit ihrer 7-jährigen Tochter Romy im Sommer 2010 unternommen hat. Im Sommer 2016 haben die Zwei Costa Rica nochmals besucht und dabei den Süden erkundet.

Kragten: „Mit einem 4x4 Auto legten wir gemütlich 1.500 Kilometer zurück. Wir besuchten den damals weltweit aktivsten Vulkan El Arenal, erkundeten verschiedenste

Regenwälder zu Fuß, mit dem Boot oder auf dem Rücken eines Vierbeiners. Dabei haben wir die typischen Dschungeltiere wie Giftpfeilfrösche und Faultiere kennen gelernt. Und einige unvorhersehbare Abenteuer kreuzten unseren Weg..."

„Aber wir haben uns vor allem den Traum-Spruch der Ticos, der gleichzeitig auch das Lebensmotto dieses freundlichen Völkchens ist, angeeignet. Also „Pura Vida", genieße das Leben!"

24 Fotos
übersichtliche Indonesien Karte
168 Seiten
Ausführliche Informationen
Detaillierte Reiseroute
ISBN 978-3-7431-6533-5
Preis: € 14,00
1. Auflage 2009 | 2. Auflage 2016
Neuauflage Januar 2017

Reisfelder
mit meiner Tochter auf Abenteuerreise durch Indonesien

In diesem neuen TRAVELKID Reisebericht **Reisfelder** – *mit meiner Tochter auf Abenteuerreise durch Indonesien* - berichtet Patrice Kragten von ihren Erfahrungen während einer 5-wöchigen Rundreise durch Java und Bali, die sie gemeinsam mit ihrer 6-jährigen Tochter Romy im Oktober 2008 unternommen hat. Ob der Bericht jetzt von buddhistischer Baukunst des Borobodurs, der Freilassung der Meeresschildkröte Chili oder von den Wanderungen durch Reisfelder handelt - die Holländerin hat überall nützliche Informationen für das Unternehmen einer Fernreise mit Kindern eingebunden.

Während einer zweiten Reise werden spannende Aktivitäten und neue Hotels für TRAVELKID Fernreisen auf Kindertauglichkeit getestet.

Kragten: „Mit einem Auto, sowie einem hilfsbereiten Chauffeur und einem engagierten Reiseleiter, legte ich über 1.800 Kilometer zurück. Ich besuchte mit meiner Tochter den weltberühmten Borobodur, wanderten durch und radelten entlang saftig grüner Reisfelder, standen im Krater eines schlafenden Vulkans, haben den Glauben der Indonesier kennen gelernt und schwammen im azurblauen Bali See."

Der Reisebericht, verständlich und einfach geschrieben, soll einerseits Informationen bieten für diejenigen, die demnächst mit Kindern eine Bali Reise unternehmen möchten. Anderseits sollten die Erfahrungen dazu dienen, dass Familien sich trauen, eine Fernreise mit den Kindern, in diesem Fall nach Indonesien, zu unternehmen.

Ich frage Romy ganz vorsichtig, ob sie vielleicht Angst vor der Schlange hat, worauf sie antwortet: „Ich? Nein, ich habe eh Bergschuhe an!"

24 Farbbilder
übersichtliche Namibia Karte
204 Seiten
Ausführliche Informationen
Detaillierte Reiseroute
ISBN 978-3-7431-5442-1
Preis: € 14,00
1. Auflage 2009 | 2. Auflage 2015
Neuauflage Januar 2017

Elefantenspuren
mit meiner Tochter auf Abenteuerreise durch Namibia

In dem ersten TRAVELKID Reisebericht **Elefantenspuren** – *mit meiner Tochter auf Abenteuerreise durch Namibia* - berichtet Patrice Kragten über ihre Erfahrungen während den Rundreisen durch Namibia, die sie gemeinsam mit ihrer Tochter Romy im April 2009 und Juli 2012 unternommen hat. Ob der Bericht jetzt von roten Sanddünen der Sossus Vlei, den Himba-Frauen aus Opuwo oder den Wildtieren Etoshas handelt - die Holländerin hat überall nützliche Informationen für das Unternehmen einer Fernreise mit Kindern eingebunden.

Kragten: „Mit einem 4x4 Fahrzeug, ausgestattet mit einem Dachzelt in dem wir meistens übernachtet haben, legten wir während beiden Reisen 3.760 Kilometer zurück. Wir haben die roten Sanddünen bestiegen, wo unsere Fußabdrücke so groß wie Elefantenspuren geworden sind. Wir besuchten das Himba Volk, die zwar Elefanten kennen, aber keine Ahnung haben, was ein Hai ist. Und natürlich folgten wir im Etosha Nationalpark den Spuren der Elefanten."

„Romy schenkt einem Himba-Kind einen Hai aus Plastik. Die Mutter des Kindes weiß was ein Elefant ist, hat aber keine Ahnung, was der Hai für ein Tier ist und wo er lebt."

29 Fotos
übersichtliche Thailand Karte
188 Seiten
Ausführliche Informationen
Detaillierte Reiseroute
ISBN 978-3-8448-0164-4
Preis: € 11,80
1. Auflage 2012

Tempelhüpfen
mit meiner Tochter auf Abenteuerreise durch Thailand

Weltberühmten Sehenswürdigkeiten wie die Terrakotta-Armee und die chinesische Mauer werden mit weniger bekannten Reisezielen wie der Innenstadt von Lijiang oder dem versteinerten Wald von Shilin abgewechselt. In diesem **TRAVELKID** Reisebericht **Steinhaufen** – *mit meiner Tochter auf Abenteuerreise durch China* - entdeckt die Autorin gemeinsam mit ihrer 9-jährigen Tochter diese und andere Weltkultur- und Weltnaturerbe der UNESCO, an denen China reich ist. Außerdem hat sie mehrere unterschiedliche Transportmittel von Bahn bis Flugzeug, von Fahrrad bis Bambusfloß und Tuktuk benutzt und damit die Weltmetropolen Peking und Hong Kong erkundet, sowie die saftig grünen Reisterrassen von Longshen und das prachtvolle Karstgebirge rundum Yangshuo entdeckt. Die traumhafte

Landschaft der unbekannten und nicht-touristischen inneren Mongolei, im Norden Chinas, haben die beiden mit Pferden ausgeforscht.

Unter www.travelkid.at findest du weitere Informationen.

„Das eine Kind wird die Schönheit der chinesischen Mauer, der verbotenen Stadt, des Karstgebirges oder einer mongolischen Gedenkstätte erkennen, während das andere Kind diese einzigartigen UNESCO Weltkultur- und Weltnaturerbe als einen Steinhaufen bezeichnet."

Dankwort

„Die Toleranz in der Gesellschaft muss jedem Bürger die Freiheit sichern zu glauben, was er will"

- Friedrich II der Große -

Lieve Romy, wederom geen makkelijke reis, mede door het ziek zijn. Maar ik bewonder jouw doorzettingsvermogen, aanpassingsvermogen en vooral jouw leergierigheid en openheid voor nieuw ontdekkingen. Ik hou van je.

Ein großes Dankeschön geht an die Führer Shaffy und Basil, sowie an Gowri, Niza, Ronnie, Noor, Siti, Felice und Adeline von meiner Agentur in Malaysia. Jeder hat auf seine Art und Weise einen wichtigen Beitrag zum wirklich guten Gelingen unserer fantastischen Malaysia Reise geleistet.

Damit meine Bücher auch „Deutsch" werden, möchte ich mich bei Sonja wieder recht herzlich bedanken.

Und das letzte Dankeschön geht an den legendären Country & Western Sänger Garth Brooks für seinen inspirierenden Song: *„Do what you gotta do"*.